潮平岸闊　高錕自傳

高錕 著

責任編輯 關秀琼
書籍設計 陸智昌

書名 潮平岸闊——高錕自傳
作者 高錕
書稿縮簡 余非
原翻譯 許廸鏘
出版 三聯書店（香港）有限公司
香港北角英皇道四九九號北角工業大廈二十樓
Joint Publishing（Hong Kong）Co., Ltd.
20/F., North Point Industrial Building,
499 King's Road, North Point, Hong Kong
香港發行 香港聯合書刊物流有限公司
香港新界荃灣德士古道二二〇至二四八號十六樓
印刷 美雅印刷製本有限公司
香港九龍觀塘榮業街六號四樓A室
版次 二〇一八年十月香港第一版第一次印刷
二〇二二年五月香港第一版第二次印刷
規格 三十二開（130mm × 185mm）三二八面
國際書號 ISBN 978-962-04-4395-4（平裝）

普及版前言

《潮平岸闊——高錕自述》於二〇〇五年出版後受讀者廣泛關注，至於銷量，要到二〇〇九年高錕教授得諾貝爾物理學獎後才急升。讀者意見回饋，認同《潮平岸闊——高錕自述》無容置疑是本好書，奈何針對青少年而言，字數或當中高端科研過程及術語令部分人讀起來有障礙。為了令一本好書可以接觸廣大的讀者群，策劃了減字、簡編的普及版。

這少於九萬字的版本在處理上有三大原則：

一、完全保留原版本的框架，章節結構跟原版本相同。只是原書第六、七、八三章合為一章。章節號碼順移。

二、普及版只於光纖科研過程，及過程中事務性、履歷式縷述大幅壓縮字數，其餘內容，尤其是高錕的成長過程、求學心得、與太太黃美芸的生活記趣及從中反映的人生智慧，一概保留。而這些，相信是對一般讀者以及青少年最可貴、最有啟發之處。

三、《潮平岸闊——高錕自述》原稿用英文寫作（已出版，書名 *A Time and A Tide　Charles K. Kao: A Memoir*），原翻譯許廸鏘是香港有實力的散文家，中文譯文清通幽雅；此外，他在翻譯時特別留心原稿字裡行間的幽默感。由於原中文版文字水平優秀，普及版只減字壓縮，不是改寫。

在上述原則下，本書原有風格及人文成份被原汁原味地保留下來。

高錕一家先後於上海、香港、英國、德國、美國等地穿梭生活。而高錕傳記不管是哪個版本，均以內容劃分章節，不完全按時序編寫內容。此次乘簡編壓縮版之出版，特別編製「大事摘要」，為讀者提供框架，從而更容易掌握內容。

順帶一提，細心的讀者會留意到《潮平岸闊——高錕自述》內寫美芸的部分細節豐富，全書筆觸也處處閃現女性角度下的敏銳。原因很簡單，高錕教授的自傳原稿為高錕夫婦合寫。這個不宣自明的小秘密於今天提出，或令當中的鶼鰈情更加動人。最後一提，高錕夫婦會將「高錕自傳」不同版本的稿酬悉數捐贈「高錕慈善基金」，詳情可於基金網頁查察（www.charleskaofoundation.org）。

目錄

高錕教授生活及工作大事摘要

一九三三年　十一月四日上海出生。

一九四八年　家族由上海赴台灣短暫停留，隨後高錕父親攜家眷遷香港定居。

一九四九年　入讀香港聖若瑟中學，為時四年。

一九五三年　夏天赴倫敦東部和域治理工學院（Woolwich Polytechnic）讀大學。

一九五七年　大學畢業，獲工程學士學位。隨即於國際電話電報公司（ITT）旗下標準電話與電報公司（Standard Telephones and Cables）任工程師。

一九五九年　九月十九日高錕、黃美芸於英國倫敦（東南區布力希斯）結婚。

一九六〇年　進入標準電話與電報公司旗下的標準電訊研究實驗所工作（在該公司服務十年）。

一九六一年　兒子明漳出生。

一九六三年　結婚四週年紀念日，第二個孩子、女兒明淇出生。

一九六五年　於任職期間取得倫敦大學學院電機工程哲學博士學位。

一九六六年　離港十三年後首次回港探親（工作中的過境），美芸及兩名子女同行。高錕繼續工作行程的幾星期間，美芸及子女留港。

七月，論文《介電波導管的光波傳送》刊出於英國電機工程師學會學報——被定為光纖通訊誕生的日子。

一九六七年　雙親移民英國，由高錕照顧。

一九七〇至一九七四年　應邀為香港中文大學籌辦電子系（現稱電子工程學系），並於電子系任教。

一九七四年　初夏移民美國，返回ITT公司於美國維珍尼亞州的羅安那克（Roanoke）電光學產品部擔任主任科學家，後擢升為工程主任。

一九七六年　得莫理獎（Morey Award）。同年，高錕母親患癌於英國去世。

一九七八年　得英國蘭克獎（Rank Prize）。

一九七九年　得愛立信獎（Ericsson Prize）。

一九八二年　因表現出色獲任命為首位「ITT科學行政總裁」，在任三年。

一九八三年　到ITT旗下德國公司工作，利用六個星期的暑假寫下《選擇的現實》一書。

一九八五年　在德國史圖加特西門子公司工作。收消息獲第十一屆馬科尼獎（Marconi Prize）。冬天回美國，太太美芸於美國進行了一個手術。

同年，女兒明淇在新澤西貝爾實驗所工作。

一九八六年　回美國康涅狄格州的ITT研究實驗室工作。同年獲邀申請香港中文大學校長一職，並等候遴選。

同年秋天，兒子明漳入讀 Brown University，攻讀電腦工程碩士學位。

一九八七年　在離開 ITT 和到中大就任期間，利用三個月空檔出任 Bellcore 公司顧問。

出任香港中文大學第三任校長，並在一九八九年創立訊息工程學系。聖誕節前，把父親由英國接回香港同住照顧。

一九八八年　獲選為瑞典皇家工程科學院院士。同年於英國出版《光學纖維》。

一九九三年　出任港事顧問。

一九九五年　獲世界工程組織聯合會（WFEO）的金章獎。

一九九六年　香港中文大學校長之職任滿。中國科學院紫金山天文台宣佈命名一顆新發現的小行星為「高錕星」（國際編號3463）。同年，獲日本獎（Japan Prize）。

一九九七年　成立「高科橋公司」提供科技顧問服務，同時擔任香港科技創新委員會委員。

一九九九年　獲美國國家工程學會查理・斯塔克・德雷珀獎（Charles Stark Draper Prize）。

二〇〇〇年　在大埔工業村投資成立「高科橋光纖有限公司」，生產光纖，後於二〇〇三年易主更名「高科橋光通信有限公司」。

二〇〇一年　結婚紀念日在美國慶祝期間遇上 911 事件。

二〇〇五年　由許廸鏘翻譯的中文版《潮平岸闊——高錕自述》於香港出版。

二〇〇九年　十月獲諾貝爾物理學獎的殊榮。

1
邂逅

◆ 上：1942年攝於上海我家前園。我坐在滑梯底，旁邊手推椅上的是我弟弟高鋙，還有一眾表姐弟妹。

下：我們一家與姨表親及朋友的大合照。攝於1958年，香港一次家族聚會。

◆ 全家福：父親、母親和弟弟。約1942年攝於上海一影樓。

◆ 上：英國的中國留學生很喜歡暢聚作樂，1958年攝於英國南部一沙灘。

下：騎在大樹上的就是我未來的妻子，1958年在英國鄉郊，我們才相識不久。

◆ 上：快樂的雙親攝於1962年留仙街寓所。背後我的畢業和婚照放在顯眼處。
下：1999年美芸偕女兒與母親合照。

◆ 左：淺粉紅色長衫由香港寄來，剪裁合度。1959年終於與所愛共結連理。

右：兩天前便訂購及冷藏的結婚禮餅購自英國馬莎百貨店（Marks & Spencer's），由美芸親手裝飾。1959年婚禮上切餅留影。

我父親原籍金山，那是長江口大都會上海附近的一個村鎮；我母親來自另一個村鎮寶山，在金山以北二十里左右。經媒人算過時辰八字，認為極相匹配，他們得以按照傳統的習俗完婚。兩家人門當戶對，一時傳為佳話。我父親高君湘，是一位以詩文鳴於時的文人的第三子，我母親金靜芳是家中長女，一對新人二十出頭，在當時來說，都受過高深的教育。

我父母雖在成親那天才初次見面，可自我懂事以來，從未察覺他們之間有任何鑿枘。我母親秀外慧中，而我父親則雖在美國接受大學教育，卻始終恪守中國文化和傳統。他們心曲互通，對彼此的角色和責任都默默相契。是以儘管新婚時無異於一對陌生人，這段婚姻再美滿不過。難道真的是八字契合令他們赤繩緊繫，還是媒人老於世故，早就認定他們珠聯璧合？

美芸和我在英國倫敦一個行政區的聖公會教堂舉行婚禮，儀式倒也簡單，我們按照標準的文詞宣讀誓言，在標準的婚書上簽字。我們的茶會也很簡單，但因為我們是主角，每個細節都由我們策劃，那情境也着實教人難忘。我們未經媒妁之言，也無算命先生算過八字，婚後四十多年來琴瑟和諧，也許確是愛情的力量戰勝一切。電影《八十日環遊世界》（*Around the World in 80 days*）的主題曲，正道出我們婚姻之路的歷程，它開頭幾句說：「踏遍天涯覓知音，杳然我獨踽踽行，青春結伴好還鄉。」

我橫越半個地球，由香港奔赴倫敦，找尋我的命運女神。我們的邂逅終以團圓結局，實始於美芸對我的求婚說一句：

「我希望可以在教堂舉行婚禮。」

在她說出希冀之前，我其實已求過好幾次婚。可是，每次都像在播放一隻紋路受損的舊式膠唱片，每播到那個地方唱針就給卡住。幸好到了最後，唱針跳過了坑紋，那句暗示願與我並肩攜手的話，最終傳到我的耳際。

我忙不迭說：「當然囉，我們都上教堂，雖然我上的是天主教堂，你去的是聖公會禮拜，應該不成問題的。」我跨過了婚姻路上的最後一道障礙。不過，美芸的面上掠過一絲隱憂，她知道我們面前仍橫亙着崎嶇的路。

「郊區有兩座漂亮的教堂，希望可以找到一位好教士為我們主持婚禮就好了。」美芸邊想邊說。

布力希斯在倫敦東南區，有兩座教堂之外，這區不乏樹木，是倫敦郊外自由發展起來的一個住宅區，當時我就住在附近。教堂規定，新郎或新娘必須是教區的居民，並得參與婚前指導，在婚禮舉行前的三個禮拜天，都得宣讀婚姻公告。我們首先要做的，就是給美芸在布力希斯教區找一處居所，這倒不難。

困難的是獲得美芸母親首肯我們的婚事。這個棘手的問題，美芸真不知如何面對。她害怕，她姐姐未來夫婿向準外母提出婚事的時候，她母親那火爆的反應會再次重演。按照中國的習俗，兄長必須先成家，妹妹才能出嫁。美芸的母親為此大動肝火，滔滔不絕的數落了她一頓。她的姐姐不理一切嫁出去，但怏怏不樂了好一段日子。美芸立定主意，寧可私奔也不要任人擺佈。

跟着的幾個星期，美芸偷偷的把她最寶貴的物件逐一帶到她的新居所。其中有她在學校歷年所得的圖書獎。在她決意從此離家的前一天晚上，我盡最後努力，向她母親提親。一如所料，她的反應直截了當，不容半點轉圜餘地，她要我從此不要再找美芸。美芸把門匙拋到她腳邊，說從此離家，不再回頭。一件大事就此完成。但我心裡卻隱隱壓抑着莫名的憤懣和沮喪，本來應該是興高采烈的一回事，卻落得劍拔弩張，不歡而散。

我們得靠自己籌備婚禮。不消多久，我們便收拾心情，興沖沖的準備婚禮了。

我們找上門的第一家教堂，在布力希斯的外圍，位處一條僻靜的小路，地點正合我們心意。可惜美芸的住處與我們看中的這家聖約翰教堂並不在同一個區上，不過那裡的牧師也很熱情的接待我們，他提議我們找一家屬於我們教區的教堂。我們照着辦，可是另外那位牧師跟我們的會面卻短得一盞茶的功夫也不到。他由上到下打量我們一眼，就冷漠地說：「我們不會替外國人辦婚禮。」我們當下氣得說不出話來，簡直不相信一位牧師可以如此決絕，而且公然暴露種族歧視。他根本不知道美芸是土生土長的英國人，是如假包換的英國公民。我們只好回到聖約翰教堂，再次向那兒的牧師求助。

牧師說：「如果那位牧師不為你們主持婚禮，我樂意效勞。」我們當然也樂意不過。英國這個皇權至上的國家，仍不失其開明的人道。

我有個表妹，是我舅舅金通明兩個女兒中較年幼的一位，那時候正在倫敦的埃弗里教育學院肄業。她很為能當上美芸的伴娘而雀躍。她提議把美芸的身材尺碼寄給香港我的母親，好給美芸和她各做一套中國式服裝。可是母親和裁縫也許不相信美芸會比香港那些嬌滴滴小姐們高大，結果衣服做得太窄了，幸好還能趕得及修改過來。從婚禮上美芸和我表妹拍的照片可以看到，她們穿起中國服裝來是多麼漂亮。她們都很苗條，但與今日香港患上厭食症似的女士們實不可同日而語。

我們找來一位外表老成持重的舊同學，扮演父親的角色，好把新娘交託出去。

這段日子裡，我和美芸都在同一家公司工作，換言之，我們得仔細的安排時間。整個過程有如軍事行動，我們訂下一個鉅細無遺的時間表，詳列我們要做的各種事情。我們預訂了教堂禮堂用來接待來賓，算清楚怎樣準備食物、餐具和把各色蛋糕弄好。甚至連禮堂的綵帶、花朵裝飾，以至在我們步向聖壇時給來賓擲向我們的五彩紙屑，也都一一辦備。

我們也計劃好了蜜月行程，準備在婚禮後翌日早上便出門。我們的家在倫敦南區伊咸一家房子的一樓。

婚禮當天清晨，我把食物運送到教堂，美芸和我表妹則一早到來換衣服。我們安排了一輛大轎車由家裡接載新娘團到教堂去。

那天，我的腎上腺素製造量準是超乎平常。我仍記得，一九五九年九月十九日我黎明即起，精力充沛，急不及待的就要動身。這天的日程開始依計劃進行，而且奇跡似地進行得井井有條。賓客魚貫而來的時候，我已經在教堂門外迎迓。風琴師奏出我們預定的音樂，我等待着新娘團即將抵達的訊號，心裡穩靠得多了。這是個迷人的秋日，雲淡風輕，陽光透過樹木的枝葉，在草地上灑下金色的斑點。這一切，正靜候着明豔的新娘到臨，與我攜手共赴聖壇。

「鐘聲已經響過十二點，轎車到底哪裡去了？」我對等得焦急萬分的伴郎說。雖然只過了幾分鐘，卻已經像天長地久一樣，令人差點連指頭也要咬破。

那天稍後美芸對我說：「車子迷路，所以遲到了。我還以為你會把婚禮取消呢。」我回敬說：「我們應該相信自己的決定，我也以為你事到臨頭才退縮呢。」其實，如果當時流動電話已經普及，我只消拿出電話來撥個號碼，那三十分鐘的疑慮煎熬和牽腸掛肚，便會瞬間消弭。

轎車快到，伴郎便引領我同到聖壇前。

「你看清楚婚戒帶在身上了沒有？」我緊張地說。「當然帶好了。」說着，伴郎笨手笨腳的摸遍了褲袋，最後才在外套的內袋裡找到戒指。

樂曲戛然轉了個調子，表示新娘團已經準備就緒。瓦爾弟歌劇《阿伊達》裡的結婚進行曲響起，我恨不得回過頭去看新娘一眼。可以想像，美芸正接受朋友和賀客豔羨目光的祝福。我心裡想，不知道家人缺席，可會影響美芸的心情。儘管我們已特地印了紅堂堂的請帖發給每一位至親，她專制的母親顯然禁止所有家族成員參加我們的婚禮。她那抬不起頭來的兄長、已婚的姐姐、未嫁的妹妹，相信都一律難越雷池，不敢有違母親的命令。

美芸終來到我的身畔，面向牧師，明眸高潔，嫻雅端莊，向我微微一笑，令人心折。她的白色織花錦緞禮服，出於她自己的設計，實在無懈可擊，不但高貴，而且把她苗條的身材襯托得恰到好處。美芸的衣服，許多都出自她一雙手。雖然她說總是要邊做邊改，這次做婚紗不知可有同樣情況，即使有，卻一點也看不出來。在這麼一個重要的場合上，這套婚紗絕對大方得體。早前我問她可不可以先給我看看，她說：「要到我們在聖壇前，你才可以看，這是傳統，要不然，會帶來噩運的。」我相信，我們有時的確要交流一下思想。

我們交換過誓言，也確信能矢志不渝。平情而論，那時候我們正在熱戀中，又可會了解我們的許諾背負重大的責任？我們可了解要怎麼做才能信守我們的承諾？只有像我們這樣維繫長久婚姻生活的人，才可以回過頭來指出，成功和快樂的婚姻，需要雙方都付出努力。我們必須彼此了解，互相扶持，使大家在智慧和能力上都能與時並進，最重要的還是互相尊重，平等對待。純粹建基於肉體關係的婚姻，在這日趨複雜的社會裡恐怕難以持久。

親吻新娘的時候，我只充滿喜悦和滿足。兩個思想不同的個體融合而為一，面對世界的風風雨雨。

餘下的儀式一一順利進行，拍照、開香檳之後，便是切結婚蛋糕。蛋糕是美芸造和裝飾的。自然還有各色食物，以及各人的演説和歡笑聲。

乘車離去時，我們發覺車後拖着許多鐵罐串子和一塊上面寫着「新婚」兩個大字的牌子。鐵罐的撞擊聲，蓋過了那輛我由原車主買來的一九三七年阿士甸7型摺篷老爺車那咆哮似的引擎聲。我們把摺篷絞下，好讓每一個人都能看見我們向他揮手致謝。

那天，我們只可以在腦海中想像，香港那邊中式宴會的場面。我父母為他們第一位媳婦和長子的婚事，大宴親朋，就在我們午宴完結後離去的差不多時間舉行。我們每次參加別人的婚禮，就會回想起我們獨特的一次，在一切親力親為中，我們開創了自己的新天地。

初次與美芸邂逅時，我可是已着意尋找終身伴侶？如果我是個詩人，我準會承認，我既來自地球的另一端，必然是緣分使我們能相遇。一切由我新加入的那家規模不大的工程公司開始。在幾乎全是白種人的同事中，我發現了一張東方人臉孔。我心想，「如果是來自同一個地方的人，不打個招呼，似乎不大禮貌吧。」可是，「我連周圍的同事還沒有逐一認識，便走去向公司裡唯一的女士獻殷勤，會不會給人誤會呢？」幾天下來，我一直猶豫不決，不敢妄動。

我加入專做通訊器材的標準電話電報（Standard Telephones and Cables）公司當畢業見習工程師。這是我大學畢業後的第一份工作，是個名副其實的新手。我有自己的座位，上司是高級工程師羅彼德。我上班的第一天，彼德熱情的歡迎我，他向我派定心丸，說我一定會喜歡這地方。他興高采烈的說：「你很快就會和我們混熟，習慣這兒的一切。輕鬆點，不要緊張。」

在新環境裡，我通常都會繃着臉，顯得很緊張，彼德一定察覺到了。他說：「這裡有點事情要你幹，好等你不會閒着發慌。去貨倉給自己拿些工具、鉗子、切割工具、焊鐵吧。管倉員會給你準備好的。」我也不問一下貨倉在哪兒，便一溜煙的跑了出去。往後的事我一點也記不起來了，大概我好歹總會找到那貨倉的。

幾天後，我鼓足勇氣，跑去向美芸自我介紹。

「我是高錕，這裡的見習工程師，幾天前新來的，你好嗎？」

當時美芸正在工作檯上忙着。

「你好，由香港來的嗎？」美芸回答說。

「對，來了也有四年了，剛畢業。你也是工程師嗎？」

「是的。我們線圈設計組還有一位女工程師，也許男人總以為女人就只會做些編呀織呀，纏纏繞繞之類的事情。」美芸笑着説。

冰山破開了。我們相遇了。

上大學的日子裡，我一直租住在一間二次大戰前的典型鄉間大屋裡。房東是個寡婦，有一個兒子，把房子分租給四名房客。我是最長期的住客，自初來英國，到四年後開始上班，一直住在那裡。第二年，原本住一名印度人的較大房間空出，我歡歡喜喜的搬進去。我本來住的房間，住進了一位尼日利亞學生。我們學生，有點像個孤兒，房東太太就是我們的代母。尼日利亞學生把我當成他兄長，總是不住的問我，有甚麼事情不應該做，以免給房東太太趕出去。我想，他準是吃過不少種族歧視的苦頭。他搬出後，我在香港聖若瑟書院的同學小林成為我的同居。他是個汽車迷，還是個學生的時候便有一輛汽車。正是我這位車迷同學改變了我的一生，他提議我約美芸去參觀一個車展，我和美芸自此便開始熟絡起來。

話說有一天，小林來到我的房間對我說：「我有幾張奧林比亞汽車展的門券，你也來嗎？那些名貴汽車我們買不起，看看也好。這兒有兩張票，多找個人來作伴吧。」我不大清楚為甚麼他要給我兩張票，我可有告訴過他，和我一道工作的還有一位中國籍女工程師叫美芸的？看過車展後，小林才透露，他不知在哪裡也碰上過美芸。

第二天我跑去找美芸，沒忘記告訴她是小林邀請我們去看車展的。她沒有隨便找個老掉牙的藉口推辭，反而爽快的說：「那挺好玩。」奧林比亞是倫敦的一個主要展覽中心，面積很大。在展場內我們甚至開過勞斯萊斯和Bentley，至今我仍難忘新汽車裡那股皮革的氣味。

離場時，美芸獨自回家。和她分手後，小林突然轉過身來跟我說：「在幾次中國同學會的活動裡，我都見過美芸，她很受歡迎，如果你想追求她的話，這點你不可不知。」

我咕噥說：「誰說我追求她，她不過是我的同事罷了。」

事情就此告一段落。

參觀車展後不久，我搬離了公寓，租上自己的房子。我立定主意，既有自己的工作，也要有自己的房子。至於我和美芸，仍保持着同事的關係。不過，我們常在中國同學會的活動中碰頭。美芸和同學會很熟，視之為一個省心的社交場所。她的哥哥和姐姐也常參加那裡的活動，美芸通常也一塊兒參加。我發覺她的確很受歡迎，但她為人隨和，常樂意加入一些委員會，組織各種社交活動。我們有幾次詳談的機會，我開始對她有更深入的了解。

美芸活潑開朗、興趣廣泛，給我留下深刻的印象。漸漸的，我對她家裡的底細也略知一二。比如她們怎樣熬過戰時的生活、她怎樣刻苦求學。她還透露，她守寡的母親是位廚藝高手，在倫敦的學生社群中，以好客著名，來訪者必饗以佳餚。其實，她母親是希望在那些不請自來的男男女女中，為她的獨子物色一位年輕姑娘作為對象。我有時候也混在大夥裡。漸漸的，她的一顰一笑常在我腦中縈繞。在工廠裡，我常跑到她的工作檯去跟她聊天。美芸對我的舉止愈來愈有戒心，一如她所料，我們的友誼已成為實驗室裡的話題。

一天，美芸、我和其他朋友坐小林開的車，我不識趣的在車內約美芸去看電影。看她一臉不自在就知道，她對我公開追求她感到尷尬極了。她不斷找藉口推辭，我仍纏繞不休。最後，她為免尷尬場面沒完沒了，只好答應我的要求。在幾位咧嘴而笑的見證人面前，我們約定了日期。

那是個大風寒冷的晚上，我們看了謝利路易和甸馬田的胡鬧劇。美芸不愛看，但還是禮貌地把她的不悅收藏起來。後來她才坦白表明，她忍受不了這種無聊幼稚的把戲。那晚上風很冷，我們由戲院步行回美芸的家，她容許我緊握着她的手好保持暖和，兩手相牽的刹那，恍惚有一股電流由我們的雙手流遍全身。直到現在，四十多年以後，我們仍記得這一晚，回味那一刹那時光。

我相信我應該察覺到，我們的友情很快便進展為愛情。我覺得美芸是我的朋友，因為我們很多方面都合得來，也因為她對我和她自己的問題都勇於面對，並致力解決。她是我的患難之交。當我強烈反對她搭同事的摩托車，我就應該醒覺，我已墮入愛河。

我說：「你沒有戴頭盔，坐在摩托車後座，太危險了。」我相信我是看不過眼她摟着那小夥子，好像很親熱的樣子。

一塊兒參加中國同學會在徹斯特辦的夏令營，令我們的感情向前邁進一步。我們完全浸淫在可以共處一整個星期的興奮中，以致入營前那星期恐怕已無心工作了。我借來小林的車子開到營地，為免招人閒話，我們各自入營。但不過一天，大家已把我們認作一對。

我們盡情享受清新的空氣和年輕人的胡鬧玩意，也興高采烈的負起煮食的任務。我們正式拜會市政廳，並獲得市長接待。當然最興奮的還是和美芸離開大隊去過我們的二人世界。我們在下午和煦的陽光中悠閒的小睡了一會，冷不防給一位農夫驚破好夢，原來我們無意間把車停在他農場的門口。開小差給我們機會仔細思量應否結婚。在心裡，我們已經私訂終身，但未來的路仍是崎嶇的。那時，美芸只是略略提過她面對的困難，她對我們能否順利走在一起沒有太大的信心。

我們去遊過巨石陣。當時，這古跡完全開放，沒有甚麼保護措施。我們在巨大的石柱間穿梭，漫不覺美芸心裡的隱憂。美芸倚在一條石柱旁讓我拍照，把那一刻永遠留住。她輕輕一笑，把心內的憂慮緊緊的鎖起來。

美芸怕我不理解她母親那套古老守舊的婚姻觀念。戰時家裡的女孩看着配給食物中最好的都分給了哥哥，只有乾垂涎的份兒。她不知道我會不會相信這種難以理解的事情，害怕我會放棄。那時候，她還沒有準備好向她的母親，或者向我表白一切。

度過了一個充滿田園風味的假期，面對我的卻是一段難熬的日子。美芸要和我保持距離，甚至表示在六個月內彼此不要見面，我不明其中底蘊，心裡焦慮如焚。命運再次站在我這一邊。一次公共汽車罷工令倫敦交通為之癱瘓，我一直每天都去探望美芸，公共汽車不開，我怎辦？我決定徒步去看她，以顯示我的誠意。美芸的母親也為我的真情感動，她不但熱情招待我，還給我借一輛自行車，好讓我回程時好過點。我希望我的真誠可以打動美芸，讓她能放心告訴我，她憂慮的是甚麼。這是一個機會，讓我們可以一起解決問題，一個原來真的棘手的問題。

我的行動果然奏效。

美芸終於開口：「如果哥哥的問題沒法解決，我就要面對母親的反對。你會像白馬王子那樣，救我出險嗎？」

我忙不迭的説：「當然啱，但情況真的如此惡劣嗎？你也看到，你母親她還給我借自行車呢。她應該至少會聽我怎麼説，我們甚至可以給你哥哥介紹一位女孩，可能會令事情順利些。」

美芸説：「我也知你會這樣想，母親不是你想像的那麼仁慈，她會把我關起來，把你一腳踢出去。」

美芸終於説服我，必須作出最壞的打算。我同意，最後一步就是私奔。我們也計劃好，一旦真的要私奔的話，我們也應定期試試探望她母親，跟她講和，直至她讓步為止。

事情果然一如美芸所料。在那決定我們命運的一晚，我跟美芸母親提出婚事，我的策略是開門見山。她的臉色立即沉下來，沒等我說完，她已搶先嘶喊道：「你竟敢搶走我的女兒，立即給我滾，要不然我把你踢出去。不要再來找我的女兒，以後也不要。」

我簡直不相信我的耳朵。我還以為她對我有好感，只是略提一下親事，怎會招來那樣粗暴的反應？我沒法明白她母親為甚麼那麼着緊、那麼擔心兒子的名聲。按照家族的規定，長子是繼後香燈的人，所以地位在眾人之上，也就是說，他必須首先結婚，她的妻子也要為他生一個男丁，讓家族的姓氏能一代一代傳下去。作為一家之主，他也要照顧家裡的每一個人，包括他母親在內。如果她的思想的確如此，也就難怪她那麼着緊了。

短暫的沉默增加了屋內的緊張氣氛，美芸鼓起勇氣，平靜的對母親說：「看來你不會同意我和錕的婚事，我要跟他一起走。」

「走吧，我不想再見到你們兩個。」

美芸把鑰匙清脆的呯一聲抛到地上，就和我邁出家門。

此後幾個月我們再沒有見過美芸的母親，我們每次回家，都沒有人應門。我們已被逐出家門了。在失望而回之前，我們都在門前放下一份禮物和一張字條，但一切都在我們意料之內。一天，我們發覺門是虛掩的，我們相信這是一種暗示，於是大着膽子走進屋裡，雖然只是得到冷冰冰的接待，但可以感覺到冰已開始融化。把母親弄得那麼不愉快，我們的確有點內疚，因此，樂意找個機會為我們的行為賠罪。下一次過訪，我們得悉舅兄已和一位在新加坡認識的女士訂婚，準備在婚後返回倫敦。當時自忖，我們實在為他做了件好事，如果不是我們為了自己的婚事把他迫得緊，他至今也許還是名王老五。

我們婚後第二天，便出發到西班牙度蜜月。

我現在仍記得，我們是怎樣珍惜旅途上的每一刻。在火車輕緩的晃盪中，我安然躲進睡鄉。我們偶爾互相對望，為能兩相廝守而感到穩靠，又恍惚如夢。最後，我們抵達目的地，那是一家簡樸的私人小旅舍，古色古香而又予人賓至如歸的感覺。我們的房間在一樓，由門廊上去要爬兩段樓梯。我要美芸先等我一陣子，讓我把行李箱拿上去，順道看一看房子。其實，我是要暗中盤算一下把美芸抱上房間是否可行。英偉的男子漢抱着他美麗的新娘子邁向美滿幸福的婚姻，如此浪漫的電影場景一直在我腦中盤旋。我和美芸攀上第一段梯級後，便出其不意一把將她抱起，踉蹌地衝進房門，差點沒把她弄個人仰馬翻。

四十年後，我要脅美芸要她讓我把她抱進我們共度結婚紀念的酒店房間，美芸說：「你準會把老骨頭也弄斷，一把年紀啦，還胡鬧！」「你也知道我們中國自古有言『老而彌堅』的吧。」我一邊回敬，一邊就要動手。

在西班牙度蜜月時，我們完全陶醉在如畫的風景中。

每天日當午，海風靜止，除了「瘋狗和英國人會在毒熱的太陽下散步」外，其餘的人都午睡去了，我們也照着辦。和我們一道用膳的人都以為我們已是老夫老妻而不是新婚夫婦，我們都很感欣慰。不過，如果人們再細心點觀察，就會發覺我們總像有說不完的話。我們的這種習慣，甚至在今天，也會令人懷疑我們要麼仍在談戀愛，要麼就是新婚燕爾。

日後西班牙成了我們的首選度假勝地，我們多次重遊，回味她獨特的風韻。

我們的婚姻生活在西班牙開展，往後，我們將仿效西班牙的探險家，出發探索新世界，拓展新領域。回到英國以後，就憑着手頭上僅有的五十英鎊儲蓄，我們四海為家，經歷和見聞都為之開闊。也許這並不全是命運使然。我之學習獨立、青年時代所受的悉心培育，以及我的學校教育，都有助於把我塑造成今日之我。

2 — 上學去

◆ 1938年弟弟與我的上海生活照。

◆ 弟弟、我與表姐香港留影。

家裡的男僕兼三輪車司機把我帶進學校，對我說：「在這裡等一下就會有人來，你看那邊那些小朋友，他們都是你的同學。」說畢轉頭便走。我獨自站在校園裡，不知如何是好。

眼前景象對我完全陌生，到處都是小孩，有的跑來跳去，有的吵鬧談笑，也有的像我一樣，呆呆的站着。突然，好像有幾下鈴聲，然後所有人都走動起來，風也似的經過我向各個不同方向跑去。不一會，所有人都不見了，只有我仍在原地不知所措，雙腿像黏在地上一樣。

「你準是高錕了，我們在到處找你呢。」一位和藹可親的姑娘對我說，我也不知她是甚麼時候出現的。

她伸出手掌，我毫不猶豫也伸出我的。

「我是你的班主任，」她繼續說，「明天，你要準時在八點鐘響之前到學校啊。」

她把我領到課室，那兒已有跟我年紀相若的男男女女小朋友，整齊的一行行的坐着，每人面前都有連着椅子的小桌。進入課室時他們都把我盯得緊緊的，令我感到不很自然。我被安排坐到第三行的空位子上。

這就是我上學的第一天，當時我八歲。在此之前，我在家裡接受教育，和小我兩歲的弟弟一同上課。由一位老先生教我們讀古文，另一位菲律賓人則教我們說英語。

在家裡接受塾師教導，是當時仍奉行的傳統教育方式，我的父親，我的祖父，都是那樣子啟蒙的。我們唸的是四書五經，但老師只是叫我們背誦，從來沒給我們解釋過課文。既然如此，我就可以隨意以四書為我注腳了。

子曰：「學而時習之，不亦說乎！」我現在的理解是：「學以致用，是最令人快樂的一回事。」「溫故而知新，不亦樂乎！」我認為那是說：「不斷研究發掘，是發現新知識的方法。」孔子無疑是在「研究」概念出現之前，為現代的「研究」一詞下定義的第一人。

最近在一次有關背誦學習的討論中，我曾指出：「如果我們不將腦袋塞滿知識，尤其是前人的名言雋語，又或者密爾頓的詩歌，也就難以領會一種語言奧妙的表達力。」

語言的發展是一種不斷累積的過程，我們利用語言和引用前人的話，表達自己的思想，向接收者傳達準確和有啟發性的訊息。語言刺激我們的思維，如果接收者本身也具有豐富的知識，更會聞一知十。因此，背誦也是一種有效的學習方法，對學生並無壞處。背誦的弊端，在於教師認為考試只有一個正確的答案。如果學生不事背誦，那才是災難。背誦是把有用的知識永遠嵌進腦袋的唯一方法，這麼一來，日後有需要時便可以立即把知識由腦裡提取出來。

我深信背誦的日子對我的一生起着重要的作用，我的弟弟雖然比我年輕，但對背誦也完全沒有問題。

我就讀的第一所學校，有幸是由一群歐洲留學生創立的實驗學校。我和弟弟就是入讀他們在上海成立的一家小學。他讀小一，我讀小三。

我們住在上海的法租界。一九四一年十二月八日，美國向日本宣戰，第二次世界大戰正式爆發，日本進佔上海公共租界和法租界。事實上，在此之前數年，上海已落入日本人之手，但租界仍由外國管治。日軍進入租界時，倒沒有遇到任何反抗。戰時的上海也相對平靜，到一九四五年日本敗退前夕，美機開始向上海展開轟炸。我親眼看過一架美國戰機和日本戰機展開空戰。從窗外望出去，兩機在空中不停打轉，發射機槍的聲響歷歷可聞。另一次，我在陽台上看見一架美國軍機就在頭頂飛過，可以清楚看到機翼上的美國空軍標誌。屋前小巷裡防空炮火突然響起，附近的牆上即時出現一排彈孔，這時，我才感覺到戰爭與我是如此接近。但我們對戰爭的兇險完全無知，空襲警報一解除，我們便在胸前披上一張草蓆當作盔甲，在屋裡亂跑亂跳，活像個無敵的戰士，即使有炸彈掉在我們頭上也不害怕。

在戰時，我們如常上課，當時我們還不知道，教師中有不少是大學教授，他們沒有隨國民政府撤退到陪都重慶。我們學的都是一般科目，但在中文和法文外，也要學日語。奉行法式教育是我校的特色。我們對母校都心懷感激，老師對學生的關愛和嚴格的教導，令學校不止於是傳授知識之所，而是培育人格，充實文化素養的苗圃。

日語課也很管用。我也能說上幾句日語，對方還以為我是日本人。但我們面對來自日本的日語老師，都毫不保留的顯示出我們的民族精神。我們對他不理不睬，有時甚至把粉筆投擲到黑板上。老師給我們弄得光火，轉過來把粉擦擲向嫌疑同學的身上。

教我們中文的女教師，教書法很有耐性，令大家都努力把書法寫好。有一次她對我說：「我很喜歡你寫的字。」這對我自然是莫大的鼓勵。我覺得她對每個同學都盡心關懷。年輕時能與一群如此善良的人相處，對我有莫大的影響，日後我在履行責任時，也不忘付出愛與關懷。

我們在六年級便開始做化學實驗，但化學並不是正規課程的一部分。日後成為北京大學電化學教授的周同學，和我志趣相投，許多嗜好都彼此結成夥伴進行。我們的父親都是律師，對科學所知不多，我們只好自行摸索，對化學的興趣可謂一發不可收拾。那時，不少化學品都可以在教育書店裡買得到。我們很快便在自己的家裡設立了實驗室，大量閱讀科學普及讀物，並嘗試做一些簡單的實驗。

有一次，周同學煞有介事地說：「你知道嗎，我們可以自行製造不同的氣體。氧氣令火燒得更快更猛，氫氣可以自己燃燒。我們要不要也來試試？」我說：「好哇，讓我們翻翻書，看看需要甚麼材料吧。」我們努力翻尋書本和雜誌，結果發現電流通過水的時候，便會產生氧氣。水是由氧氣和氫氣組合而成，這個實驗簡單而有啟發性。用一支碳棒作電極，氧氣和氫氣便會各自從棒的兩端釋放出來。為了收集純粹的氣體，得用兩個玻璃果醬瓶子，先注滿水，然後把瓶口小心向下倒放到一個也是注了水並放進了電極棒的容器裡，這樣，瓶裡便完全沒有空氣。瓶口在水裡要對準電極棒的頂端，這時，接上電池讓電極棒通電。電極棒會釋放出氣泡，上升到瓶子裡去，並將瓶裡的水排出。到瓶子充滿了氣體，細心用蓋子在水裡將瓶口封緊取出。證明來了，把蓋子移開，點上一支長火柴枝，放到瓶口，篷一聲燒起來的，是氫氣，只是令火柴枝燒得更旺盛的是氧氣。我讓讀者自己猜猜，接連電池正極的電極棒釋放出來的是甚麼氣體，從負極電極棒裡出來的又是甚麼氣體。但現在我已弄不清，當時我們怎知道哪端是陽極，哪端是陰極。

由這些科學雜誌裡發掘的知識，比現在風靡青少年的漫畫冊子有趣多了。我們做了更多更複雜的實驗，其中利用滴定法製造硫酸銅的實驗，更給我帶來畢生難忘的興奮，這個實驗向我展示了大自然令人敬畏的一面。滴定是將酸性和鹼性物質的中性混合體轉化為流質的過程。中性溶液經過大自然的力量形成的藍色硫酸銅結晶，在陽光下閃閃生輝，既迷人又神秘，將我深深吸引。

同樣令我興奮莫名的還有我的第一項發明。我將紅磷和氯酸鉀填塞進濕潤的泥土裡，成功製造出泥球炸彈。我的理據是，如果一種如紅磷之類的易燃物質，與氯酸鉀一類的強力氧化劑混和，只要稍加摩擦，就會燃燒。我把泥弄濕搓成麵粉團狀，也將化學品弄濕，像餡料般填進泥團裡密封。待泥乾後，就會變成一個小型炸彈，撞向硬物時，裡面的化學品受衝擊便會爆炸。這個實驗十分成功，我們用泥球擲向貓狗，把牠們嚇個半死，我們則樂透了。回顧當日，這種行徑無疑十分頑皮，也會對別人甚至自己造成嚴重的傷害。紅磷很快便會變成白磷，與硫酸混合，會釋出有劇毒的硫酸氣體。磷與氯酸鉀混合，也會立即爆炸。我因無知，完全不知道其中危險，只是有幸避過一劫而已。

可是，一次我的弟弟給意外濺出的熾熱酸性液體燒傷了手，父母才驚覺我在做着種種化學實驗。那時，弟弟正在幫我製造硝酸銀，一種可以用來製造攝影膠卷的化學劑。看來我是在準備自製膠卷。我將一支銀製的首飾放到煮沸的硝酸中融解——煮沸的硝酸會產生有毒的氣體，切勿照做。我把燈泡內的鎢絲弄了出來，用來盛硝酸，一下不留神，銀首飾把那站不穩的玻璃燈泡弄翻了。父母大驚之下，我肆無忌憚的化學實驗就此告一段落。當時我們手上的氰化物，足以毒害全城的人！

遠離化學品之後，我和周同學很快便發現了無線電的樂趣。我在商店裡看到一盒無線電收音機的零件套，裡面有電磁圈、可調校的電容器、一支晶體棒，以及一雙耳筒和一些電線，還附有一支螺絲起子。我央求雙親說：「買吧，不危險的。」

「如果你能夠成功，我還會買更多零件給你造別的款式的收音機。」父親說。

隨後幾天，我一直浸淫在無線電裡，但過程很棘手，最令人喪氣的是，當我把耳筒塞進耳朵裡時，卻甚麼也聽不到。我向周同學打聽他的進展。他說：「我正在看有關無線電的書。你首先要了解無線電的原理才行，我現在知道，你要有一支長長的天線，用來收集無線電波。然後，我們要慢慢調校電容器，一旦調校到一個特定的波段，從耳筒裡就會聽到通過這個波段傳播的聲音。那晶體管是用來製造聲音的。」

「如果收音機還沒有反應，把晶體管取出來，往地上摔幾次試試看。」

隨後幾天，我花在地上找晶體管的時間，比嘗試從耳筒裡收聽到一點甚麼的時間更多，很有點兒洩氣。

堅持始終帶來回報。周同學和我最後明白了無線電運作的原理。我們知道電容器和電磁圈可以在某一特定的頻率接收到無線電訊號，只要我們慢慢調校電容器，以免錯過了電台的波段，就可以收聽到電台的廣播。當我們最終由耳筒裡收聽到電台廣播，那感覺奇妙極了。在甚麼也沒有的空氣裡，竟然可以蘊藏音樂，簡直是魔術。

這段往事令我感受甚深，也可能在我心中埋下種子，日後萌發成對電機工程的興趣。在研究收音機的過程中，我知道我東摸西弄的東西叫半導體，正是這種電晶體，令蕭克萊（William Shockley）和巴丁（John Bardeen）於一九四〇年代在美國的貝爾實驗室發明晶體管（港稱原子粒）。晶體管開展了電子時代。

在學校，我和同學一起遊戲、學習，聽古典音樂，表演舞蹈和話劇，也自發地學習新的事物和技術。我們盡情發展和享受我們的友誼，「開汽車」就是其中一個有趣的玩意。

汽車在當時十分罕見，我們玩的「開汽車」，是讓其中一人做汽車，另一人則在背後當司機。司機按住汽車的右手，汽車便向前走，他按得愈大力，汽車便要跑得愈快。按住汽車的左手，汽車便要減慢速度，如果突然用力，汽車便要來個急停，汽車要任司機擺佈。這種簡單的遊戲自然純粹出於模仿，但事實上我們確是從現實中觀察司機的駕駛動作，再加以仿效，在現實中，司機就是這樣子開車的。

但到了我自己的子女，卻與這種自發的學習無緣。他們在異國長大，面對的是特別的問題。具備兩種文化素養，不足以讓他們融入當地少年的圈子，最後，他們只好步步退縮，參加一些經過安排的活動，如學校樂隊等，而不是與同伴在無拘無束之下學習。他們的同伴把他們當作外人，不大讓他們參加當地人圈子的活動。

那時我們在美國，子女與我當年的年紀相若，十歲剛出頭的樣子。我們由香港移居到維珍尼亞州的羅安那克（Roanoke），與紐約相比，羅安那克只是個窮鄉僻壤。它位於維珍尼亞州中部，在當地來說倒算是個大鎮。每年金秋一到，即見山上林間，盡鋪上一張深淺相間的紅黃兩色地氈，琥珀般的色彩，令人目不暇接。

我女兒明淇在學校的遭遇，有一件頗令我難忘。她是個好動的女孩，總想嘗試新鮮事物。可是，在報名參加木工班時，班主任的話卻很令人洩氣，他說：「木工班只接男生參加，不收女生的。」

對教師仍抱有這種古老思想，我們大感吃驚，決定跑去要校長解釋。班主任結果讓步，讓明淇加入木工班。到了學期中，班裡舉行一個火箭比賽，每名學生都要自行製造一支火箭，作為班上的功課，而飛得最遠的火箭，會獲得獎賞。明淇親力親為，她造出來的火箭飛得最遠，得了冠軍。

這是明淇小學階段的一次高峰。另一次高峰出現在高中時候，她以榮譽成績畢業，獲杜克大學（Duke University）取錄，入讀電機工程。但與我在上海的學習經驗比較起來，明淇在美國的學校生活顯然與她的理想還有一段距離，以致她以一句簡單的話總結她的經驗：「中學還可以，就是悶。大學生活卻乏善足陳，沒有啟發性。」

學校無疑會在學生身上留下深刻的印記。我有幸在那麼一所傑出的學校得沐春風，也有幸在一九四九年與父母離開上海移居香港並入讀中學時，我的運氣仍得以繼續。不過，當時我並未意識到，這是我一生種種重大轉變的開始。

其時大陸風雲色變。一個昏暗的秋日，我們登上離開上海的輪船，我清楚記得，船駛離碼頭時，我在甲板上遙望外灘天際，心裡不知道是否還能再見同一景象。灰濛濛的天空令人更不好受，我們離開熟悉的家園遠赴異地，心裡都像壓下一塊石頭。

到了香港，舅父一家都來迎接。這位舅父是我母親最年幼的弟弟，她還有一位弟弟和姊姊在香港，但稍後幾年都移民到美國去。舅父早在一九三〇年代末便到香港，在中國銀行工作。到一九四八年，他已是附屬中國銀行的中國保險公司的經理。二舅父和二舅母有子女各兩名，其中表妹多年後將在我的婚禮中出任美芸的伴娘。他們在香港捱過了日治時期，在上海人圈子中頗有名。就是他們介紹我和我弟弟進入由兄弟會主辦的聖若瑟中學，我的幾位表兄弟都在那兒就讀。

這兒的學校卻與上海的有天淵之別。首先，除了中文和中國文學課，老師說的都是英語；其次，同學說的盡是廣東話，我一句也聽不懂。幸好校規很嚴，在班上所有同學都得說英語，這麼一來我倒可以和別人溝通。不過，這對我來說不是件好事，因為如果當時我被迫學會廣東話，我現在的廣東話就會說得跟本地人一樣，而不是帶着濃厚的鄉音，讓人一聽便知道我是個外江人。那時香港人對凡是不講本地話的，都叫上海人，這對我倒也不錯，我正來自上海。

聖若瑟中學也有點像上海的學校，老師都很盡責能幹，尤其是兄弟會的教士。我完全適應香港的學校生活，中學會考時，成績在全港頭十名之列，順利升上預科一年級，準備報考當時香港唯一的一家大學，也就是香港大學。在聖若瑟四年間，我建立了不少珍貴的友誼，與好幾位同學至今仍保持聯繫。一些課堂活動也令我印象猶新。比如化學課堂上有關勒沙特列原理的一次示範。勒沙特列原理指出：所有自然化合物，都是通過構成此化合物的各種元素將個別元素間互相施加的壓力減至最小的過程而形成。因個子細小而有「小人」之稱的化學老師，為了說明這原理，叫班上的同學使勁推他。

最後他自然是給推到課室的一角，但直接把他推動的其實只有兩三位同學，而這兩三位同學又是給別的兩三位同學所推動。這種緊密的結構，又稱幾何規律晶體結構。

「小人」老師以生動有趣的示範，在我的腦海中深深印上了晶體的結構形狀。我得感謝他打開我們的心扉，讓我們用這麼簡單的方法，認識一些複雜的概念。

升上預科，許多同學都成為學校的得力助手，主要是照顧低年級的同學。當時我沒有想過這責任的重要意義，回想起來，才醒覺這類活動有助培育我們成為富責任感的成年人，為將來進入社會作好準備。學校的確把我們當作成年人看待，我們也很重視和喜愛自己的角色。

整個求學階段，我學會緊記大量資料的技巧，以及如何運用各種學習工具，但絕不是硬背死記，而是運用腦筋利用這些資料和工具解決問題。即使在大學裡，我學習的也只是如何利用工具令知識的發掘更深更廣，並且要能觸類旁通。我能將思想的羈絆減到最少，從而獨立思考。我可以舉個例子說明這點。

我新加入一家製造通訊器材的工業機構時，我的第一位上司對我說：「你設計的這個擴音器，為甚麼只用上了你由大學裡學來的基本理論？這只是書上教的理論，你無須重複你已做過的事情，而是要運用學得的知識，創造出新的設計。」

我這才明白，我沒有必要像回答考試試題一樣，顯示我學過多少知識。事實上，我不久便發覺，在大學裡所學的，只有一小部分在工作上派上用場。在中學和大學裡所受的嚴格訓練，只是令我們學會怎樣學習，以及在有需要時知道怎樣求取新的知識。有必要明確知道他們在中學和大學裡學過些甚麼的人，是以教學為其志業的教師，他們才有必要將從學院裡學來的材料、知識，正確無誤的複製出來，傳授給下一代，給他們的學生。

對於教學方法我們無須過於執着，須知資訊世紀的來臨令人們更易獲得知識，因此向學生傳授的知識必須有助於啟發他們的心靈，讓他們掌握追尋及運用知識的能力。

對我自己的學習過程來說，我相信我實在幸運，能夠走上一條理想的道路。在完成中學課程之後，我乘上鐵行的S.S.Canton號客輪，前赴英國接受大學教育。即使在遠赴異國的航程中，我也上了一生中珍貴的一課。但在交代這次航程如何開啟我的前路之前，我得先說說在那些中國風雲變色的年頭，我的一點個人家族史。

3 — 無知歲月

按照中國的傳統，同一家族的人都住在一塊。我的祖父母一代，仍保守着這傳統。我們的家族，就聚居在一個大庭院的多個房舍中。

我父親與他的新娘子搬到廂房不久，便離家前赴上海。我母親歸寧，父親則遠赴美國研讀法律。兩年後他回到上海，已是位法理學博士，兼法律碩士。這種幹才在當時極少，他一回國，立即就獲市長接見，招攬為一特別法院效力，這法院乃按上海國際社會的要求而設立，專門審理與外國人有關的民事及刑事訴訟，以保障「國際市民」的利益。父親儘管才二十多快三十歲，也沒有執業經驗，已獲委任為華人法官，與外籍主審法官一道審案。他的任命，相信與他受過律師訓練而且能講能寫英文有關。但如果是我，年紀輕輕便要與年長的外國法官共事，一定不好受。我想父親的職位也是裝飾的成份居多，而不是因他年輕有為而受到尊重。

後來我有機會向父親叩問他年輕時的這段重要經歷，他只透露一點點他審理過的一宗謀殺案。這宗涉及一位社會名流被殺的案件，成為報章的頭條新聞，報道中也提到父親的名字，令他也成了公眾人物。但他沒有向我們細説案件詳情，他認為作為一個律師，案中情由必須保密，除了他和當事人，不能向其他人披露，即使在數十年以後。

那是個動盪的年代，孫中山先生領導的革命推翻了滿清皇朝，建立民國，但沒有單一勢力足以統御全國，各地軍閥擁兵自重，雄霸一方。當時上海仍是個條約口岸，分成三個區域：法租界、公共租界（由八個歐洲侵略國管治），以及華界。國民政府雖宣稱上海主權為中國所擁有，但樂於讓租界保持原來的運作模式，也因此租界一直相對安定平靜。父親在租界買了一家房子，過其二人世界的生活，這種「摩登」的生活方式，讓他們可以不用活在雙親的監視之下。

他們不久便誕下一名女兒，幾年後又添一男丁。我母親身材細小，生育絕不輕易。可惜兩名小孩都因染上麻疹而夭折，長女還未進入青春期，幼子才不過四歲而已。這種傳染病在當年十分流行，數以千計的小孩都因受感染而死亡。母親再流產了兩次，才懷了我，這以後她的身體也變得羸弱了。也因此，我們兩兄弟小時都備受寵愛。

父親曾在美國住過一段時期，對當地的二人世界家庭頗為欣賞，不過，他對子女的管教既傳統也現代。弟弟和我與父母的關係有點疏離，我們主要受家庭教師影響，他教我們古文，還有英文和各種普通科目。對於父母，我們不過像每天恭聽大人物講話，向他們匯報生活情況，謙遜有禮，克盡本份而已。我們年紀稍長，便自行尋找新鮮的事物去。

在半傳統中國式教養和半放任式西方教育下成長，我和弟弟都不自覺地養成自立能力。比方說，老師要我們背誦課文，卻從不加以解釋；又要我們記誦乘數表。這樣，我們就記住了中國不少出色的文學作品，乘數表也能由一一如一，背到九九八十一。後來我發覺，我挺喜歡記誦各種各樣的事情，包括一連串的數字，像圓周率是3.1415926……直到第三十五個小數位，我也可以背誦如流。

我也意外地發現，我不明所以背誦的古文，留給我自行解讀其中涵義的空間，我喜歡怎麼解就怎麼解。孔子說：「讀書將以窮理，將以致用也。」我認為這些文章的作者是藉文字表達他們的思想，但文字往往不能完全涵蓋他們要表達的意思，我們要完整的掌握作者的意念，必須探索文字的言外之理。孔子的話給我莫大的啟發，促使我運用自己的思考，發揮對事物的獨特見解。是孔子的哲學，令我成為一名出色的工程師。

一九四二年十二月八日，日軍進入上海租界。上海成為淪陷區。一夜間，與日本開戰國的駐滬人員都成了戰俘。父親的洋人上司沒了影蹤，他的律師生涯也不得不暫告一段落，並轉趨低調。平日他為了應酬，在家裡或外面參加各種牌局飲宴，又或去看平劇、電影，要不就是在辦公室工作至深夜。忽然，父母都鎮日呆在家裡，我們的家庭生活變得親密起來，我們一起吃飯，真正的起居與共了。

食物供應還算充裕，生活如常。對我們小孩來說，上海和以前沒有兩樣。我和弟弟跟父母外出，經過被日軍強佔的建築物時，都急步而過，並盡量避免望向那些日本守衛。外灘大橋盡頭有一座大樓，出了名的可怕，除了日本人，任誰進去都出不來。

隨着戰事延續，生活也愈來愈困難。各種供應日趨緊絀，即使最普通的貨品都要從黑市搶購。盟軍開始向日軍反攻。有一天，我們躲在位於三合土樓梯底課室裡的桌子下，窺看外面一場空戰。兩架戰機銜尾追逐，在我們學校上空展開生死戰。這是來自美國航空母艦戰機的第一次空襲。也是在這天，本來寧靜的上海租界捲入了真正的戰爭。陽光燦爛的天空上，傳來陣陣機關炮聲，美日兩架戰機仿如在天上表演雜技，但除了機影和槍聲外，沒有火光和煙硝，看來兩架戰機都沒有把對方命中。

父母對戰事惡化憂心忡忡，在慎重考慮逃至當時的陪都重慶。但談論這件關乎我們未來的大事時，我們四人卻正在打橋牌。在那緊張時期，我們都靠一些無傷大雅的玩藝兒紓緩情緒。因為常下棋，我們的中國象棋和國際象棋技術都突飛猛進，還進一步嘗試棋藝更高深的圍棋。浸淫在富思考性的棋藝中，我們暫時忘記了戰爭。遷居重慶之議只屬空談，並沒有實際的行動。日軍在中國的戰線開得太廣，我們希望他們疲於奔命，無暇顧及佔領區的瑣務。這期間，父母親和我們更為接近，令我們也有所得益。父親對我稀奇古怪的問題一直都能對答如流，令我大感敬服。但有一次，我的一條問題竟令他語塞，在那一刻，他忽地變成了一個普通人，再不是我心目中的通天曉。

我也忽然有所頓悟，知道沒有人能夠甚麼都知道，而有所不知，也不是值得羞恥的一回事。父親當時說的一番話對我很受用，我仍清楚記得。他說：「你會發現，有很多事情是我們不知道或不了解的，沒有人能掌握一切知識。」是他啟導我不斷尋索、學習。

回顧過去，我得承認我實在幸運。我在無拘無束的環境下度過童年，喜歡甚麼便做甚麼，我的探索精神並沒有受到多大的打擊。在我成長期間，父母主要讓教師、保姆、傭人來照顧我們。我熱衷閱讀，尤愛《三國演義》。在上廁所時、在課堂的空隙間，我都掌握每分每秒，埋首於三國交戰的情節中，對諸葛亮的神機妙算至為傾倒。他輔助漢室後裔劉備建立蜀漢，三分天下而有其一，矢志復興漢邦。這部充滿忠義仁勇和謀略的通俗小說，令歷代讀者為之着迷，但為甚麼當年只有七歲的我也深受吸引，至今我仍沒法理解。總之，我一拿起這部小說便難以釋手，儘管有人不知趣地要我做別的事情。那兩冊厚厚的小說，我肯定看了十次以上。

讀古典小說之外，我和弟弟也學習英語。就以學英語的過程來說，我們試過取巧，雖然我們其實無意欺騙老師。我和弟弟的中文程度自然高於英文，碰巧我們有一部莎士比亞名劇的中文譯本，我們先讀了中譯，然後用英語說出莎劇的故事大綱。老師不明就裡，對我們的英文理解能力大感訝異。我們經過自行組織，運用文法正確的句子，有條理地把故事說出來。到我們真正入學，很快便適應了學習的進度，在知識的海洋裡自由暢泳。

與同年齡的夥伴一起學習，是我完全陌生的經驗，如果不是有盡責的老師，相信我一定會自我封閉於個人的小天地。親切的氣氛、志同道合的新朋友，對我的學業都有莫大裨益。在充滿熱誠的老師教導下、在與同學一起進行的各種課外活動中、在讓學生自由探索的學習環境中，我的思想開始成形，自信心開始建立。

這裡，我也不能忘記一件往事。一個夏日，我拿着氣槍耍玩，卻不是用標靶來練眼界，而是瞄準電燈桿上的一隻麻雀。我扣動扳機，那小鳥隨即掉下來。我實在無意成為一個殺手，在開槍前我完全沒有想過一隻無辜的鳥兒會因而喪生。我沒有射中目標的快感，反之，是充滿悔意。我把弟弟叫來，讓他把小鳥的屍體丟掉。此後，我再沒有拿那把槍來射殺生命。我不大理解為甚麼時至今日我仍記得這件往事，也許只有心理醫生能提供答案。我也不明白，為甚麼幼小的我會認為殺戮是一種罪惡。活上了大半個世紀，我才了解生與死、善與惡、仁愛與殘暴是可以互換的，沒有事物會一成不變，人會隨着成長而轉變。

我從沒有跟弟弟提起當年要他撿拾死鳥將牠丟掉的往事，即使再提起，他也可能早已忘記。他只是為我做了一件小事，作為弟弟，他總是惟兄長之命是從。後來我赴英留學前問他，我走後對他有甚麼影響，他終道出心底話：「我可以自己作主了，我解放了。」是的，和我不一樣，在此之前弟弟還沒嘗過獨立的滋味。

此後十五年我們一直沒見過面。他在帕薩迪納加州理工學院做流體力學後博士研究時，我去探望過他，自然而然的提到我們昔日的一次談話。

「你可還記得那個星期天我們的談話？我們談的是未來。我們通常坐在客廳的大桌子前，那時沒有空調，但涼風從走廊吹來，坐在那兒挺舒服的。在無拘無束的氣氛下，難免盡是想些不着邊際的事情。那天，我記得，你問過我一條問題。」

弟弟曾問我：「長大後你想做甚麼，律師，還是科學家？」

我想也不想就回答：「我想做個化學家。」

「為甚麼？」

「那時在上海，父母還沒禁止我們做那些危險的化學實驗前，我們不是做過許多實驗？我發覺化學實在有趣。你可還記得，我們利用滴定法製造硫酸銅？實驗後的第二天，化學液體變成了美麗的藍色晶體。那簡直是奇跡。現在學校裡也有化學科，我知道的更多了。長大後，我要努力成為一名出色的化學家。」

弟弟說：「我提議你把這願望寫下來，收藏在一個隱密的地方，當有一天你成為著名的化學家，就可以把那字條拿出來，證明你早『有言在先』了。」

提起這件往事，弟弟笑了。「我當然記得那一天，但你還沒有實現最初的夢想呢。」

我也笑了，那一刻，我們彷彿回到童年的日子，我們的笑，是那麼天真幼稚。毫無疑問，我們清楚知道，我們的胸襟眼界都比往日開闊了。我也知道，學習的道路仍長。

4 — 航向世界

◆ 上： 1952年與朋友攝於開往英國的鐵行郵輪上。
下：我的首位女房東金馬倫太太。攝於1953年，倫敦。

◆ 1958年契其斯特市(Chichester)市長設下午茶接待到訪的中國學生。左起第六位是我。正中站在市長及市長夫人之間的是朋友梁維新。他後來任教於香港大學，是位出色的學者。

抗戰勝利的歡騰，不久便煙消雲散。日本降兵還沒有完全撤出中國，國共內戰隨即再次爆發。

一九四八年，距國軍在上海南京路慶祝抗日成功凱旋大巡遊不過兩年，中國又陷入一片陰霾。各地城鄉受內戰困擾，未能休養生息。顯而易見，如果國軍中的精鋭隊伍未能一舉殲滅共產黨，蔣介石的國民政府肯定熬不下去。幼年的我，卻興致勃勃的唱起《義勇軍進行曲》來。其中幾句說：

中華民族到了最危險的時候，
每個人被迫着發出最後的吼聲，
起來！起來！起來！我們萬眾一心，
冒着敵人的炮火，前進，
前進！前進！前進進！

在國民黨統治區內大唱共產黨的進行曲，我準是年少無知得可以了。我們不知道，這首歌日後會成為中華人民共和國的國歌。我也對當時中國的險惡形勢不大了了，唯一令我感興趣的是那些由中央銀行發行的新鈔票。因為通脹，鈔票大量印行，而且面額大得驚人，每張幾乎都是成千上萬的面值。這些鈔票印製精美，摸上去也板板直直，相當吸引。我會把一些號碼有趣的，如2345432或2222222之類留起來。我也記得，父親從辦公室回來，總是提着一大手提包鈔票，立即就用來支付工人的日薪，或購買日用品。這些鈔票到今日相信倒很值錢。

逃離上海的念頭再次浮現，但這次我們是考慮一走了之。父親決定離開故居，前赴香港。

赴香港途中，我們在台灣稍作逗留，但發覺沒有適合的門路。這次出國，無疑是我們一家的轉捩點。就父母親而言，他們捨棄了崇高的社會地位，要從新在社會立足。就我們兩兄弟而言，立即就要在完全不同的教育制度下，過全新的學校生活，適應完全用英語授課。

一九四九年的香港與上海相比，仍是個寧靜的小城，它的美麗迷人給我們留下深刻的第一印象。這個在一八四二年割讓給英國的小島，海港兩岸的景致令人看之不倦。

客輪把我們由台灣送到香港，在尖沙嘴的海運碼頭靠岸。甫抵步，我只感覺到周圍的人怎麼都在胡言亂語。香港人主要來自廣東省，說的是粵語，語音和語法都與上海話或我在上海上學時學的國語大相徑庭，我一句也聽不懂，講更不行。也就是說，我根本難以與別人溝通。我只好說英語，幸好香港受過教育的人都能說英語，但一般市民卻完全不懂洋文，我遂有如來到一個陌生的國度。

在我們之前，也有不少上海人舉家移居香港，在港島的北角區，就儼然形成一個頗熱鬧的上海人社會，更有「小上海」之稱。在那兒，我終找到能明白我說甚麼的人，我的父母也交上了新朋友。我的四位表兄弟，和我年紀相若，差不多一出生便處身粵語環境，大舅父的三個兒子也一樣。大舅父在我們抵港數年後便移民美國。但在我們相處的幾年間，我們表兄弟都建立了親密的關係，尤其是因為我們有幾個都在同一家學校讀書。

我很輕易便適應香港的教育制度，而且挺喜歡這兒的學校。南北兩地的學習生活可謂配合得天衣無縫。雖然除了中文和中國文學科外，其他科目都用英語講授，但一旦掌握了基本的學習技巧，求取新的知識便來得較容易和自然。儘管廣東話不靈光，中英語文流暢提高了我對文化差異的敏感度，我日漸養成多元文化的習性。在聖若瑟中學，我愛上了背誦聖經經文和聖訓。藉此，我可隨意斷章取義，引用聖經來表達聖經的新涵義。這卻令我陷入一個難題。要麼是聖經不可靠，要麼就是僧侶與學者提供的解釋不可靠。這念頭動搖了我對聖經的信仰。

一個好老師，要能開拓學生的思維空間。在天主教學校五年，受教於兄弟會的教士，是我的一大重要啟導。我深受他們的熱誠感染，以至深信宗教對個人救贖起重要作用。但我對宗教教條有所保留。

我們班裡的人數頗多，每班約有四十人。我入讀4B班，然後升上第3班，再後是第2班、第1班，也就是預科班。升上第2班，就要面對中學會考。每個學生都可選考最多十個科目，我鼓起勇氣，報考十科。在這階段，我發覺所有科學和數學科目都不難，因此集中精神背誦與歷史和地理有關的日子和地點。我覺得歷史和地理科的教法很沉悶，不易讀熟。但考試成績出來，卻令我喜出望外，我是全港頭十名成績最佳學生之一，可以拿取獎學金升上預科。

在學習過程中，學習的方法對我們幫助更大，我們不用再生吞硬記老師的講授內容，而是在老師的引導下，自己尋求答案。這教曉我們運用圖書館材料和通過與老師討論，自我學習。回想起來，這比當時英國的制度更好。英國取消了一年預科制，改為兩年的高級程度課程，有意進入大學的學生，須至少研讀三個與將來所讀學科有關的高級程度科目。以工程學為例，學生須從純數學、應用數學、物理和化學等科目中選擇三科進行修讀。當局認為，這些都是可在大學環境之外教授的基本科目，也是學習工程學的必需工具。其真正目的，不過是想藉此減少在大學修讀的學科，將考取大學學位所需的時間由四年減至三年，從而減低大學教育的成本。

我的興趣很多，最後決定修讀電機工程。碰巧那年香港大學的工程學系還未為電機工程準備好必需的教學人員和設施，我面前唯一的途徑就是投考英國的大學。我選擇了倫敦大學的和域治理工學院（Woolwich Polytechnic），這學院提供一年的大學預科課程，之後可升上新的三年制學位課程。因為喜愛化學，我在高級程度考試中報考了四個科目。坦白說，我報考高級程度化學只是因為覺得那些化學實驗很好玩，我不覺得學科學和數學是件苦差。一面從課本上汲取知識，一面從實驗中印證原理，既有趣又有滿足感。大學對我來說簡直是個樂園，是我的一種享受，事實上，如果我們做的都是自己喜愛的事，生活更快樂沒有了。

懷着興奮和天真的熱情，我盼待着一九五三年夏天的來臨，到時，我將乘船前往倫敦。雖然這是我第一次獨自出門，我倒很平靜，可母親卻忙得不可開交，為我準備行裝。倫敦這世界第二大城市，在她眼中彷彿是個窮鄉僻壤，她為我預備了大量衣物、梳洗用品、日常雜物，甚至鑵頭食品等等，那份量足夠我用上十年。我記起唐詩人孟郊那首著名的《遊子吟》最後兩句：「誰言寸草心，報得三春暉。」這時感受尤深。

啟程當日，母親留在家裡，只有父親和弟弟送我上路。母親一直是家庭的支柱，她總是能收藏自己的感情，在面對疑難時作出正確的抉擇。她重視兩個兒子的學業，希望我們能成人長進，自我獨立。把長子送往學費昂貴的外國就讀，頗耗費家裡的積蓄，但雙親義無反顧。未來幾年，家裡都不會有餘錢讓我回港探親，十三年後我首度回港，竟是挈婦將雛了。在一九五三年盛夏的那一天，她留在家裡與我說再見，顯然不想在公眾地方情緒化起來。

許多親友都來了。大家都很渴望看看多年來不停往返英國和香港的那艘廣州號（S.S.Canton）客輪到底是甚麼模樣。它看來的確乾淨清爽，對一次三十天的航程已準備就緒。我帶着送行的親友在船上四處參觀，渾不覺播音器提醒所有非搭客立即離船，還差點和他們一塊步出跳板。那時我還泰然自若，大談船上的潔淨，要他們記緊給我寫信，催促他們在跳板拉起前趕快離船。分別的一刻似乎在各人，包括我自己，不經意間就過去了。我見通道上有一張舒服的座椅，就坐下來定一定神。人一平靜，才意識到，我與家庭那無形的臍帶將斷然分離。我霍然而起，跑到船邊，只見船和碼頭的距離愈來愈遠，岸上有樂隊不停吹奏，送行的人不停揮手。就這樣，我獨自起行，到一個遙遠的國度，獨自一人面對自己的命運，迎接種種未知的挑戰。我告訴自己，一定要有自信，雖然我只有十九歲。

我的臥艙是個標準的四床客艙，在甲板之下數層。和我同艙的，是三位足以做我伯父的先生。其中一位把上鋪讓給我，說上鋪對年輕人比較適合。我欣然接受了他的好意。與這三位先生共處，應了孔子所說的：「三人行，必有我師焉。」在航程中，來自香港聯合書院的周博士給我上了張量力學（tensor mechanics）原理的寶貴一課。他又教我學會欣賞辛辣和咖喱食物，其中秘訣，就是用啤酒來消解那滾燙的感覺。他教我的數學，遠高於我當時的水平，但我學來一點也不覺困難。他的敦厚和樂於助人，令我對長者肅然起敬。日後，周博士加入香港中文大學，並成為數學系主任。一九八七年我獲聘為中大校長時，他仍在校內任教，但已接近退休之年了。在悠長的教學生涯中，他不但顯示出嚴正克己的高尚情操，也培養了不少傑出的數學家，其中一位更是菲爾茲獎得主（Fields Medallist）。我的旅程可說有一個良好的開始。

船出公海，便全速破浪前進。船長祝我們旅途愉快言猶在耳，我已隱然感覺到我的愉快快完了。郵輪在波濤中顛簸，我的胃也隨着顛簸。我雖即時採取應急行動，凝神望向遠方以減輕波動的感覺，又遠離船邊以避開中人欲嘔的油煙氣味，並深呼吸和減少移動，但都不能奏效。我五內翻騰，冷汗直冒，盡想嘔吐。這時如果有人看見我，一定會給我鐵青的臉色嚇一跳。只有躺在床上令我舒服點，也許是大海平靜了，也許是在我入睡後身體自然適應了大海的波動。第二天起來感覺好多了，我不再理會船身的起伏，雙腿便輕快起來，還參加了船上的各種玩意，如網球和湯姆拉彩票遊戲（tombola，港稱泵波拿）。也挺享受船上的煙肉、雞蛋、香腸早餐，和午前的紅茶與蛋糕。

四天後我們在新加坡靠岸。初踏足陸地，卻發覺新加坡在地震，把我震得左搖右擺。當然，這只是我的錯覺。我終明白到，我之所以會暈船，是因為我嘗試與船的擺動抗衡，而不是與船一起擺動。這也是為甚麼睡在搖床上，人不會有暈眩感覺的原因。你要順應動盪，而不是逆抗動盪。

本來，乘船和飛機都令我不適。經過不斷的磨練，我知道在顛簸中若強行保持固定，那欲嘔的感覺就來了。一暈頭轉向，我的臉色便一陣青一陣紫。這也曾成為家人的笑柄。但當我領悟不能與現實違抗的道理，對於風風浪浪都處之泰然，安之若素，也從此遠離了暈車船的感覺。日後我常要乘坐飛機，即使不吃眩暈藥，也不致噩夢連場。

對新加坡的第一印象可說一片空白，在海上航行差不多一個星期，乘客都只想上岸伸伸手腳。自告奮勇成為一眾同船赴英留學青年領袖的周博士，鼓勵我們下船去看看新加坡樸實無華的碼頭景致。周博士這位導遊兼監護人給我們三重誘惑，一是讓我們舒筋活絡，一是帶我們探訪一個新加坡家庭，一是介紹我們品嚐一種口味獨特的食品——咖喱。由那次淺嚐溫和的咖喱開始，多年來我對辛辣程度的承受力愈來愈高，只是還未至於敢吃令人冒出眼水來的辣椒。

周博士告訴我們，咖喱是世上最出色的廚藝發明，但初嚐的人應由淺入深，而且最好手拿一杯啤酒，如果發覺辣得受不了，就喝一口，那晶瑩冰凍的黃色液體不但可減輕燙辣的感覺，與辛辣的味道混和，更會轉化為一種美妙絕倫的飲料。那個早上，我感受到新加坡人好客的熱情，他們的單層平房和香港的住宅大不相同，在美味的果汁外，我們嚐了一頓豐富的咖喱午餐，我也是平生第一次喝啤酒，這對我來說都是新鮮的經驗。喝了半瓶啤酒可沒有令我醺醺然，我毫無困難的隨大夥兒返回船上。

新加坡之後，我歷年來到過無數地方，成了一個環球的漫遊者。即使在我第三次退休之後，仍常與太太或家人，或獨自出門遠行。每到一處地方，都加深了我對當地的認識及對其文化和人民的了解。不同聲音與景象融匯交錯，使我深深感受到自己也是環球公民的一份子。文化容或有所差異，但人之為人基本上是相同的，他們有共同的需要和理想，就是免於飢餓、恐懼與困厄。這些願望其實很簡單，但仍有些人即使生活舒泰，卻因為得不到超乎需要的東西而不快樂。為了滿足一己的慾望，他們不惜用武力進行掠奪。

經過那麼多的歷史教訓，人類應明白和平共存、互相尊重的道理。可惜儘管大部分人都明白這道理，但在小部分野心家的驅使下，他們卻像馴服的羔羊一一走向屠房。

離開新加坡後，廣州號向西越過印度洋，航向印度半島尖端的可倫坡，即現稱斯里蘭卡的錫蘭的首都。船停時間不長，但足夠讓我們在一個充滿殖民地色彩的廣場，在樹影婆娑的棕櫚下，享受清涼的果汁飲料。下一站是孟買。我沒有踏足世界八大奇景之一的空中花園，但在市內寬闊的街道流連，街上各種車輛穿梭往來，嘈雜吵鬧，塵埃飛揚。

之後，船過紅海，炎熱的氣候彷彿令一切都緩慢下來。航向蘇彝士港的途中，只見岸上黃沙萬里，海上沒有風，也沒有浪，只有迫人的熱氣，生活似乎靜止了。在昏睡中，日子悄悄溜走。

接近蘇彝士運河時，不少人突然興奮起來，要看看一艘巨輪怎樣在僅可容身的密封航道上，一忽兒升上，一忽兒降下數英呎。我也是首次親睹運河的運作情況，與此同時，我也興奮的察覺，運河兩岸就是古老的埃及、敘利亞和約旦的土地。這地區在二次世界大戰期間是激烈的戰場，戰後由美國的羅斯福、英國的邱吉爾和蘇聯的史太林在波茲坦會議中劃定各國的新疆界。

至今仍困擾區內的種族和宗教衝突，實由這些領袖一手造成。我曾思考過一個問題，就是「是誰決定開鑿蘇彝士運河，將地中海和紅海貫通起來，為的又是甚麼？」答案很簡單，只為方便大英帝國更便捷的通往印度和東南亞。運河開掘時，英國國力如日中天，運河有重要的戰略和商業價值。航過蘇彝士運河，我上了實地的一課。

我們在埃及賽德港停留時間甚短，不能到著名的金字塔和其他古跡一遊，但我刻意下船，踏足在非洲的土地上，以便日後可以吹噓說，我在少年時期便曾到過亞、非、歐三個大陸。

船過地中海，我們可一睹北非的風貌。雖不能辨認各個城市，但據地圖所示，我們會經過丹吉爾和卡薩布蘭卡，這個自由開放的城市，在二次大戰期間成為國際間諜雲集之地。經過直布羅陀時，所有乘客都擠到甲板上，一睹雄峙於地中海狹隘的出入口航道兩岸的兩座山峰，它們就像戰艦上兩個瞭望塔，守護着直布羅陀海峽。我拍了好幾張照片，但膠卷要過了很久才沖出來。因為我用的是半格35厘米相機，要拍完七十五張照片才好把膠卷取出，也要找適當的機會購買顯影液和定影液，然後解開我的行李，找出沖曬箱來。還有，我要與居留地的人混熟了，才好打探沖曬膠卷的問題。我不知道為甚麼不乾脆把膠卷拿到攝影店去沖出來便算，也許是我甚麼都喜歡自己動手的緣故吧。

進入以氣候變幻無常而惡名昭彰的英倫海峽，在不足一小時內，和煦的太陽給重重陰霾掩蓋，溫暖突然給寒涼一掃而空，狂風怒哮，暴雨來襲。我們由北海進入泰晤士河入海口水域，自然就要與這種氣候先打個招呼了。

我們就是在一個典型的陰沉早上，航進泰晤士河下游提巴利的倫敦港。沒有樂隊敲鑼打鼓來迎接，只有移民局的官員坐在一列長長的櫃台前，檢查來客的護照和文件，彷彿這些人都懷着不可告人的目的，潛入倫敦做不法勾當。輪候過程差不多要幾小時，輪到我的時候，我已差點兒昏了過去。當然，先前的景象只是出於幻想，移民局官員看了看我的文件，就預祝我學業順利。

本來擔心不知哪裡可以找到英國文化協會的代表，但看到在船上認識的朋友早已在英國文化協會的橫額下齊集等候，便放下心頭大石。我們一行人將要乘火車到倫敦的維多利亞站，與其他文化協會的代表會合，並且可以領回自己的行李。

我被安排坐進一個八人車廂，其他人都是我不認識的。在前往倫敦途中，只見翠綠的田野間分佈着成行成列的灰黃色廉價住宅，我清楚記得車廂內其中一人對另一人說：「你看，這些房子住的都是低下層的人，我們在殖民地的房子就比這些大得多，又有傭人負責煮食和打理家務，可老家就是有這樣不爭氣的人。」

我雖入世未深，對這樣的話仍覺得刺耳。我看那一行行外貌相同的房子，磚砌的外牆的確顯得千篇一律，但就是不明白為甚麼裡面住的人就是不爭氣。我緊緊的記住這番說話。但有點意外的是，這種妄自尊大的態度，在英國的一般民眾中倒很少見。勞工階層是「地上的鹽」，是一國的支柱，他們心地善良，樂觀爽快。

步出火車，我還沒想到，這兒，英國，就是我未來十年的家。英國文化協會的人即時上前迎接。這個組織旨在加強與其他國家，尤其是英國殖民地的關係。我們這一群來自英國最後幾個殖民地的學生，將住進英國文化協會的蘭開斯特宿舍。所有初來乍到的人，都先在這裡住一陣子，上上熟悉環境課，才繼續自由行動，鳥散到各自的目的地，大都是大學宿舍，或與英國家庭共住。

我對蘭開斯特宿舍印象最深刻的是它廣闊的禮堂。它的天花很高，木板砌成的牆壁，地板也是木的，經多年踐踏，已成棕黑色，十足一個中世紀古堡的宴會廳，只是天花上吊垂下來的，是洋燭形燈泡而不是真正的洋燭，也沒有豪華的錦緞布簾。兩日後，我發現宿舍原來離倫敦最大的公園──海德公園很近，只消步行一會便到。

在倫敦的頭幾天，我有沉重的孤獨感。在這個有上百萬人口的大都會中，我只是渺小的一份子。我乘坐一個多小時公共汽車，由倫敦中部來到和域治區，再到普隆斯達區的窩達士利路。幸好英國文化協會已安排另行運送我的大件行李，我只是帶着一個小小的行囊上路。下車後，向前行第四間半獨立平房，就是第十四號。整個區域都是住宅，偶爾有行人、腳踏車和汽車經過。我帶着行囊和一顆孤獨的心，步向一間看來同樣孤獨空洞的住宅。

5

—

獨立自主

◆ 上：穿着恤衫、結領帶來野外露營，英倫主島南端之旅。
下：1957年夏天與朋友一行三人由蘇格蘭一直南下英格蘭。旅途愉快，而且出發前不久，我們順利完成學位考試。

◆ 我與宿友及房東太太合照。房東太太右邊的那位女宿友來自愛爾蘭。攝於1954年，倫敦，窩達士利路宿舍門外。

當以布林斯達為終點站的53路雙層公共汽車把我由倫敦載到我的未來住處時，我告訴自己：「這就是獨立生活了。」

售票員在打票機上按了幾個按鈕，再把售票機旁的小手柄搖了一下，票就出來了。這種打票機，今天仍在一些路線上應用。這是我第一次乘坐這樣子的公共汽車，它將是我往後許多年的日常交通工具。

那些車票也很有趣。每張票上都有四個號碼，我就讀和域治理工學院的幾年間，每天都坐53路公車由普隆斯達前往和域治，車程只需五分鐘左右，我給自己做一個思考練習，就是分解車票號碼的質因數，如果我可以在下車前完成計算，就算勝利。但如果遇上一些大數字，像7873，我要用2、3、5、7、11、13、17、19、23、29、31、37、41、43、47、53、59、61、67、71、73、79、83和89來相除，才能證明這個數字是否質數。大部分四位數字都不是質數，我要花差不多十五分鐘，才能算出我認為是質數的7873的確是質數。

由蘭開斯特宿舍乘車往倫敦，沿途經過不少名勝。公共汽車由牛津街轉過牛津圓環，下麗晶街，來到特拉法加廣場。這兒是倫敦的中心，首次遊覽倫敦的人，大都是循這路線觀光。我也只顧看窗外景物，把獨自生活的百般滋味暫擱一旁。

經過西敏寺大橋，右邊是國會大樓，左邊遠方是市政廳，這以後，就是倫敦東南部的廣大郊區。公共汽車一直往前走，彷彿已經駛出了英國，來到海邊。忽地看到一幢標上和域治兵工廠名稱的建築物出現在路旁。和域治在歷史上以製造大炮著名，但在二十世紀五十年代我在和域治理工學院就讀期間，已經停產。和域治理工學院現屬格林威治大學，仍位於和域治，在一九五三年，不算是家特別出名的學術機構，還設有一些非學術課程。

和域治佔地不大，只是一個大學城鎮的規模，入讀的學生全都獨自居住在出租房舍。我和許多同學一樣，住進一位房東太太的出租客房。這類學生房舍，本來都是民居，住一個家庭綽綽有餘，便將空置的房間分租給學生。我租住的這家，由學院方面安排。房東金馬倫太太孀居，同住的只有她那未婚兒子。

我起初住的是一個小房間，設備簡單，僅能容納我的大行李箱和個人用品。後來一位印度租客退房，房東太太讓我住進他的房間。這房間比我原先住的大得多，房內有一張大桌子，我可以在上面攤開偌大的繪圖板，從容做我的工程繪圖功課。

此外，我還有足夠的空間擺放書本。也因此，當一名推銷員向我兜售一套《大英百科全書》時，我竟豪爽地欣然接受。我在購書合約上簽字時，沒想到這會給父親帶來沉重的經濟負擔。更沒有想到，我會把那二十四卷全書的每一卷由頭到尾讀一遍的宏願，根本不切實際。二十多年後，我這套重二百四十磅、書脊熨上金字、只讀了萬分之一不到的全書，以每卷一美元的價錢轉讓給一名小夥子。這套書跟着我由英國到香港再到美國，期間只幫助我的孩子做過一點家課。

當時我心目中的獨立生活，就是不用凡事都要徵求父母親的同意。購買百科全書卻是我自由行動的一個考驗，我明白到，獨立的第一關就是經濟獨立。在和域治理工學院的整整四年間，除了上課、做實驗，就是與同學交往，參與體育運動，特別是乒乓球和網球。此外，我也經常為中國同學組織大型的中式聚餐，和為理工學院和倫大學生會舉辦社交舞會。我又參加了聖母軍，探訪醫院和老人宿舍。當然，每星期天我還上教堂。

來自千里達的馬榮是我最要好的同學。他人很聰明，活力充沛，他最熱衷的是板球，在他感染下，我也迷上板球，甚至成為一個參與板球運動的新丁。

這球類比賽可以玩上好幾天，比賽禮儀甚多，而且要玩得有紳士風度。也就難怪由英國發明，而只在英屬殖民地才大行其道。其他國家不會了解這種球賽。

在與各色人等的交往中，我不自覺地建立起人際關係的自覺。馬榮的熱誠待人，提醒我應以身邊的人為榜樣，也令我明白到物以類聚的道理。在我的大學生涯中，自然而然的與同類人建立聯繫和友誼，我的獨立正朝正確的方向發展。

房東太太的兒子湯姆不大熱情，卻樂於助人，但我很少求他幫忙。有一天他在地牢工作，還招呼我到他的窩子裡坐坐。這個地牢有一半在地面以下，牆上有兩面窗，開向園子。我當時就想：「如果可以用紙皮把窗封起來，就可以把地牢改成一間沖曬房了。」我又想到，赴英旅途上拍的照片，還沒有沖曬出來。我從香港帶來了印相框和沖洗盆，只差一部放大機。但因手頭上可供花費的餘錢有限，不得不打消買一部正規放大機的念頭，我一直打算用照相機來做一部放大機，現在是時候付諸實行。

我找到一個密不透光的大圓筒形鐵罐，在罐底開一個光源裝置，可插上小燈泡；蓋子中間則開一個35厘米膠卷大小的窗子，蓋子裡裝上一面放大鏡，這樣，由燈泡發出的白光，透過凸透鏡片，可以平均的射向膠卷底片上。我從學院實驗室借來一個有兩個支架的蒸餾瓶架，用來把燈泡和照相機固定在適當的位置。照相機就權充放大器。

我哄湯姆讓我給他沖曬一些照片，好等他准許我使用他的地牢作沖曬間。他立即為我所動，答應把兩個窗子封起來。湯姆和我的相片沖印效果都相當理想，皆大歡喜，我也雄心勃勃，第二天就獲准進行沖曬放大的行當。

除了要買一套塑膠盤子、一台切紙刀和一個可調校的遮光罩外，我只用了買一部正規放大機的幾分之一價錢，就可以開展我的家庭相片沖曬業務了。其實，哪裡有甚麼業務，只是給朋友們沖印些照片而已。

一九五三年是部分食糧仍要配給的最後一年，是第二次大戰的後遺症。但在宿舍裡，我們的食量十分驚人，因為大家到底仍是尚在發育時期的年輕人。每天傍晚六點吃過晚飯後，才過了一個小時，肚子又餓得咚咚作響。我不得不頂着陰冷的晚風，跑到街上買炸魚薯條。至今我仍忘不了包着魚那層炸得香脆的麵粉團，和那熱烘烘沾滿酸醬的薯條的滋味。這些美味小食都用舊報紙盛着，雖然不大符合今天的衛生標準，在當時卻是廢物利用，絕不浪費。有時是我獨自一人，有時是和同屋的舍友一起去大快朵頤。我們用手指權充筷子，邊走邊吃，回到宿舍，又重新充滿了活力了。

我們的宿舍恍似一個多種族的大家庭，其中盎格魯撒克遜族的房東太太自然有無上權威。問題主要出在洗澡上。當時英國人每星期頂多洗澡一次，也許因為室內沒有暖氣設備，光着身洗澡並不好受。我們來自東南亞的學生雖然很不習慣，也只好入鄉隨俗。房東太太說：「像你們那樣子每天洗澡，河都要給你們弄乾啦。」

每天七點早餐，有麥片、吐司和煙肉，有時甚至有仍需配給的雞蛋。晚餐是一天裡唯一菜色完備的一餐，準時六點開始。餐桌的擺設一絲不苟，依足英國的傳統禮儀。不過，食物可沒有擺設那麼吸引，尤其是在星期天。這天吃的他們管叫High Tea，傍晚茶點。只供應冷肉和麵包，那片冷肉薄得可以讓光線透過。但最平凡的一餐卻有不平凡的一刻，就是那無以上之的甜品上檯的時候。我的最愛是芥末醬配蘋果批，還有布丁加奶凍，以及葡萄酒蛋糕和羊油布丁。

吃過這頓飯，我會對房東太太說，要到外面散散步，幫助消化。事實上，那片紙薄的肉片兒還未到我的胃，已經消失得無影無蹤。我只是嗅到，金黃的炸魚塊和香脆的薯條已在山下的食店等待着我。同屋的幾位夥伴通常都會悄悄的跟着我，路上大家沉默不語，直到把昨日的報紙打開，露出裡面的可口美食，大家才異口同聲說一句：「啊，真香啊！」只不過吃了數口，竟有微醺的感覺。我們在路上聊天談笑，恐怕也頗有點引人側目。上山回家的路，反而彷彿比下山更易走。

就這樣，在與人的交往中，我慢慢建立了自信、對生活的興趣，以及對人的觀察和了解，我的獨立能力在不自覺中日漸增加。幸好同住的都是男性和學生，人際關係比較簡單。不久，教師和工程師搬出了，取而代之的是兩位小姐，嘉芙蓮和瑪莉。她們的加入，令屋子裡的氣氛也為之改變。

我沒有姊妹，也一直在男校接受教育，完全沒有與女性交往的經驗，所以起初不大習慣。兩位年輕女士來自愛爾蘭，在這兒，和我一樣都是陌生人，大夥兒不久也就混熟了。她們是天主教徒，我受馬榮感染，也信奉了天主教，我們星期天一夥兒上教堂，發展的倒不是男女之愛，而是兄妹手足之情。馬榮和我在課餘參加了理工學院的天主教團契和聖母軍。在團契裡，我們組織了不少關於信仰的討論和辯論。我在香港讀的是天主教學校，可以隨意引用新約聖經的章節。對於教宗向教會頒發的一些有爭議性的訓示，我也可以引用聖經予以支持或反駁。我不是故意挑剔，只是作為一種知識的論辯而已。

其他活動還有社交聚會和舞會，瑪莉和嘉芙蓮有時也一起參加。聖母軍的活動尤其有意義。我們會探訪老人，給他們朗誦，或與他們閒話聊天。我們這群「三山五岳」的義務工作者令老人們很感好奇，他們尤其想知道我到底來自何方。每逢售旗籌款日，不論籌款的是甚麼機構，我都樂意跑到街頭，向途人兜售義旗。這些社會服務，對年輕人來說是寶貴的經驗。當我的父親日後住進養老院時，我完全能感受到年輕義工探訪他們時帶來的慰藉。

到我自己也老了，年輕時的經驗也許令我更容易接受他人的幫助。

大約一年後，嘉芙蓮出嫁了。她要瑪莉當伴娘，出乎我意料之外，她還要我作伴郎。無論如何，生活經歷豐富了我對人生的體驗，否則我仍只是個母親裙帶之下的無知小兒。

與弟弟和父親時通魚雁，令我得悉香港的近況。弟弟學業進展良好，後考入香港大學。父親自然是對我訓勉有加，尤其緊張我的學業，也常常提我要量入為出。經過百科全書的教訓，我在經濟上已知所節制。我心境舒泰，沒有感到任何壓力，無論在學習還是人生歷練上，都有不少機會讓我增長見識。時間過得很快，電機工程學位畢業試轉瞬便到眼前。

我的大學生活可算多姿多彩，其中大部分都是課外活動。在高中時，我發覺理科科目富於趣味，也不必背誦死記便可獲取高分，上了大學，我抱的也是同樣的態度，課堂和課外的功課不必花太多力氣便可以應付。我從沒蹺課，做好了指定習作，還有很多空餘時間，可以參與各樣非學術性的活動。我很喜歡組織工作，因此加入了許多學生團體，包括天主教學生團契和中國同學會。此外，我還迷上網球，以至原應用來讀書的時間也花在打網球上。我差不多每天都打網球，甚至畢業試前的一天仍照打不誤。所以嘛，我拿不到一級榮譽，但也以二級榮譽畢業。

對於錯失的機會，我絕少會用「遺憾」來形容。在和域治理工學院完成首年預科課程後，我本來可以報讀我心目中理想的大學。因為喜愛科學，我堅持在高級程度考試中報考四個理科科目，就是數學、應用數學、物理和化學，以這幾個科目的成績，進入倫大任何一家比較著名的學院應不成問題。但我不知道要進入這幾家學院要另行申請，我只是隨遇而安，繼續留在和域治。我沒有後悔錯失進入「名校」的機會，在理工學院，我和教師的關係更為密切，與他們有更多直接交流，獲益良多。

一九五七年獲得工程學士學位，是我一個重要里程。畢業前幾年，我在信中對父親說，一到畢業，我就要財政獨立，不必要他負擔我的生活。這一天終於來臨。在年初，我已經準備好我的履歷書，也跟從老師的指導，會見了多家來校面試員工的公司招聘人員。在出席畢業典禮時，我已經任職於自己挑選的標準電話與電報公司。我對電訊行業很有興趣，而標準是英國最出色的電訊公司。該公司歷史悠久，為大學畢業生提供見習計劃，讓他們在四個不同部門輪流工作，從而決定他們最喜歡留在哪一個部門。週薪為十一英鎊。

在大學裡，每年暑期都有外出實習的機會。我的第一份暑期工是任職於Metropolitan Vickers，一家位於曼徹斯特的重工業工程公司，主要製造發電機和變壓器。曼徹斯特口音與倫敦口音或所謂的BBC英語截然不同，但當地人倒相當友善。當時我還以為，英國北部的人民比較友善和容易相處。後來才感覺到，一般英國人雖然比較冷淡，但骨子裡對人都是充滿關懷的。北方人因為地域觀念較重，所以保存了自己文化和待人處事的特色。在實習期間，我住在一個普通家庭裡，屋主待我很好，給初出茅廬的我留下美好的體驗。

工作方面卻相當單調，有時甚至近於沉悶。實習生給分配到製造重型電力設備的不同單位，一星期內在各單位輪流工作。都是些不關痛癢的事務，如把新鑄的水力發電機葉輪的毛刺磨平之類。那些葉輪十分巨大，我要借助一張梯子才能爬到頂部，但這倒是個有趣的經驗。我可以坐在十多呎高的輪頂，俯瞰下面工人的活動，而且幻想機器的完成我也出了一分力。當然，我也知道，不需要接受過大學教育，也可以做同樣的工作，而我應該懂得的，其實是機器完成前的各個工序。

參與變壓器的線圈裝配是六週實習期中最有趣的部分。我可以由始至終參與，直至機器完成，從中領悟到理論與實踐的差異。技術手冊不足以完全解決技術應用的問題，在我日後的工程師生涯中，我時常提醒自己，無論甚麼工程，受過良好訓練而富於經驗的人員是必不可少的。我的學徒經驗正好說明這點。

Metropolitan Vickers的實習計劃安排得很好，開始時有歡迎儀式，中期有檢討，最後有結業討論。告別前，學員間都交換了地址，方便日後聯絡。

回到理工學院後一兩星期左右，我收到一位在實習期間相熟的女學員桃麗絲的信，邀請我到倫敦她的家去。她住在倫敦北部，路程頗複雜，她指示了詳細的路線。那是個晴朗的星期天，桃麗絲的父母把我迎進屋前有個漂亮花園的獨立洋房。略進茶點後，桃麗絲的父母告退，外出去了。桃麗絲建議我們到外面享受一下美麗的天氣，然後才回來進午餐。那一帶雖近地鐵，也毗鄰農場和樹林，是高尚住宅區所在。我們在風景如畫的小徑散步，行人稀少，偶爾遇上幾位，都和桃麗絲點頭招呼，我飄飄然的覺得她彷彿在炫耀一個新的男友。

午餐由桃麗絲一手主理，她輕而易舉的就把一切打點停妥，令人有賓至如歸之感。但我卻暗地擔心，我不習慣與人獨處，不知她下一步會有些甚麼行動。結果，膽小如鼠的我飯後便在連番道謝後請辭，桃麗絲看來有點不大高興。

我的第二份暑期工是在高雲地利（Coventry）的通用電氣公司（GEC），工作是負責測試電力設備和進行一些實驗，薪酬也較高，我覺得自己似乎可以賺取生活了。不過這時我還不敢寫信告訴父親，他的兒子可以經濟獨立了。要等到標準電話與電報公司正式向我發下聘書，我才動筆向他報告喜訊。我獨立的第一個目標達到了，我反覆做了一個收支預算表，確定在我寫信時直至收到第一份薪金為止，有足夠的餘錢應付生活。我相信父親知道終於可以停止給我經濟援助，一定會鬆一口氣。可是沒想到，我不是每星期收到酬勞，而是要等到月底才獲得支薪。我也沒想過要公司預支一點工資，只好恭敬的寫信給父親要他再給我幫個忙。

一切事情都只是剛開始。我的經濟獨立剛起步，算是實現了第一個目標，但還有很多更大的夢想有待一一成真。但當時我其實沒有明確的打算，只知道要盡力做好本份，而且要做有意義的事情，也許，要給社會作出一個重大的貢獻。

6 — 探索光織

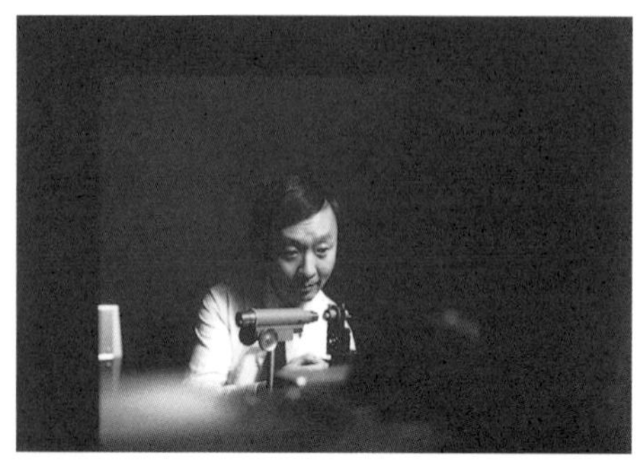

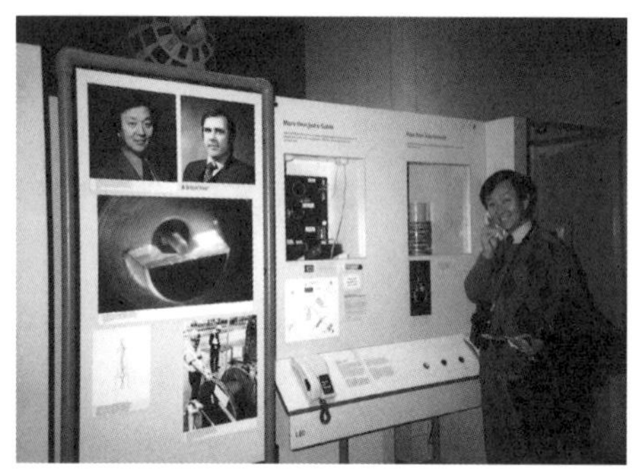

◆ 上：在標準電話與電報公司旗下的標準電訊研究實驗所工作時留影。攝於1960年，英格蘭東部的艾式克斯（Essex）郡。

下：1985年攝於倫敦西南部南肯辛頓（South Kensington）一家科學博物館。館內有關光纖通訊發展的展板，陳列了十多年，至近年才拆換。

◆ 上：我在美國的第一個家。攝於1974年，維珍尼亞。
中：出席初成立的OFC會議。攝於1970年代，英國。
下：在STL實驗室工作中留影。攝於1965年，英國。

◆ 上：依我們意念設計的理想住宅，比羅安那克的家親切得多。攝於1982年，維珍尼亞沙林。

下：於ITT升任首位科學行政總裁後，依我們意念建成的另一家住宅。攝於1982年。

◆ 上：為了宣傳公司在電訊研究的尖端成果，宣傳部門把我也放到海報上去。攝於1984年。

下：照片中的弗拉申博士與Charles Hearzfeld是ITT總部要員，他們為我在ITT的研究計劃開路，讓我有更大發展。光纖為全球寬頻通訊網絡提供一種可以容納頻寬幅度無限大的傳送導體。攝於1985年。

我在電訊事業冒起之際投身這個行業，社會上對傳送大量訊息，甚至活動影像的需求日漸迫切，這可就是推動我向前發展的波浪？

一九六〇年我加入標準電話與電報公司旗下的標準電訊研究實驗所時，重點是研究和發展一套利用毫米波長的微波傳送通訊系統。對我來說，這無疑是我一展所長的大好時機。過了三年，我相信已完全了解當時的技術，是時候轉變一下工作環境了。

我可以加入標準位於夏洛（Harlow）的實驗所的光通訊研究計劃。隨激光在一九五九年發現，光通訊研究也帶上工作日程，一種帶頻無限的通訊網絡可望為世界帶來通訊的革命。

經過長年累月的研究及在實驗室做實驗，我的小組寫成題為《介電波導管的光波傳送》的論文，並提交英國電機工程師學會學報。經過例行的評審程序，論文在一九六六年七月出版的學報上發表，這也被定為光纖通訊的誕生日子。

為此大家都感到極度興奮。過去三年來，我們證明了光纖通訊不再是個神話，通過各種實驗數據，可以證實我們的理論並非空談。

我們雖然深受各種精神和實質上的支持鼓舞，但在同類的研究上，我們的同道似乎不多。我還要向這些公司強調的一點就是，光纖是用世界上用之不竭的材料造成的，那就是——沙粒。用沙做材料既環保，成本又低。我要大力推銷光纖的特性，尤其是其輕盈和高度耐受力，以及不會洩漏光源。我深信必須集合眾人的努力，光纖傳訊才會取得成功。為此我希望能盡快聚集一群同道中人，並準備在一九六六年十二月底啟程到亞洲和美國去。

自一九五三年離開香港後，這還是我第一次回到亞洲。除了順道與久別的雙親和親友團聚外，我還前往日本和台灣，向亞洲推介光纖通訊技術的重要意義。

也就是在這時候，一個個人的問題常在我腦際盤旋。美芸和我都發覺，兩個孩子開始意識到，在學校的同伴中，他們屬於少數。他們常問，他們黑頭髮黑眼睛，五官輪廓扁平，為甚麼看起來跟同學們不一樣。美芸小時候也有相同的經驗，她是學校內唯一的亞洲人。她常和我商量，是否有責任讓孩子們知道，他們在世界上並不是少數民族。

一封突如其來的航空郵件，帶來了戲劇性的轉變。香港中文大學一位教授來信問我有沒有興趣申請出任新成立的電子工程學系的主任。我獲聘到香港，完成了一個兩年期合約後，雖然很想繼續從事全職的研究工作，但在校方盛情挽留下，我多教了兩年，直到第一屆電子工程學學士生畢業為止。在我的工作資歷上，又增加了教學和管理經驗，與此同時，每個夏天我也回到標準實驗所從事研究。我們在一九七〇年底離開英國，到一九七四年初夏又收拾行裝，準備移居美國，繼續發展光纖通訊系統。我們以為，將從此與香港告別了。

滿懷希望要擠進美國的新移民，有必要將現實和理想調整一下。美國一向給人尊重個人權利，熱愛自由的印象，令人相信美國是個超級大樂園。香港的美國領事館顯然對美國的吸引力也信心十足，相信我們都是因為以上的種種理由渴望前往美國，朝思暮想要取得一張簽證。

「你為甚麼要到美國？」他們會問。

我有點不明所以，我說我需要簽證赴美，加入羅安那克的一家公司。在英國居留期間，我從沒想過會移民到其他地方，尤其沒有想過美國。

他們繼續盤問我，令我很惱。美國移民局真不是一個好惹的部門，一年後當我要為家人更新一些文件時，我們要全家人親自到華盛頓的一個部門去，與其他申請者擠在一個狹小的房間裡，房裡沒有足夠的座椅，有的人甚至要蹲到地上去。這樣子，彷彿要先給我們一個下馬威。我的孩子和其他年輕小夥子一樣，又餓又倦。更糟的是，當時還不知道吸煙會引致肺癌，房間內充滿了嗆鼻的煙味。整整一個早上，我們活像囚犯一樣，等呀等，很不好受。

雖然曾到美國公幹過幾次，但要到羅安那克安頓下來，我才開始慢慢認識到，羅安那克仍生活於內戰前的狀態。羅安那克是維珍尼亞州最西部的一個大城市，當地文化屬南方文化，婦女們都溫柔嫻雅，熱愛家庭，煮得一手好菜，把家務打理得井井有條。沒有在城內住上幾個世代，仍會被視為外人。

我們抵步不久，天氣便轉涼了，萬山樹木彷彿一下子開起花來，黃色的、紅色的葉子參雜相間，在藍天的襯托下，格外明豔耀目，令人難忘。在人跡罕至的林間漫步，是定居這裡最值得懷念的經驗。我們倒視當地人為外人。他們許多都沒見過亞洲人，在街上和我們相遇，往往會好奇地停下來，緊盯着我們，直至我們向他們微笑一下，他們才轉頭繼續行程。女兒在這兒首次嘗到種族主義的難堪。

「Chinky、Chinky，怪臉孔！」小孩們尖叫着，將他們無聊的眼睛往上翻，扮作東方人的樣子。

女兒含着淚，只想知道那些小孩為甚麼會說這樣的話。

「他們只是無知和沒有教養罷了，你應同情他們才對。他們的母親沒有教他們應有的禮貌。」

希望我的說話她能明白。

我們開車到一家雜貨店購物，準備把車鎖上時，一名老居民自豪地對我說：「這兒沒有人鎖上車門的，你們準是從外地來的，外地都不大安全，可我們這裡從沒有人在睡覺時把門上鎖。」他用濃重的南方口音告訴我們：「現在你們都有安心日子過了。」

我們的確過着安心的日子，但有時還是有點不愜意。女兒的學校拒絕讓她加入木工班。美芸直接跑去跟校長理論。

校長說：「如果取錄了你的女兒，就有一名男孩失去加入的機會，這不行，男的需要學木工，女的不要。」

美芸說：「以前沒有女同學申請學木工，不是說以後都不讓女孩申請。這是歧視！」

如果我們不是在香港住過，面對不公平的事，美芸連氣也不會吭一下。她不習慣公開發表意見，更拙於跟人爭論。香港喚起了她對個人權利的醒覺。那一天，她發現了自己的聲音。她在一家郵局排隊等候服務，天氣十分翳熱，大家都等得有點不耐煩，有一名英國人卻大模斯樣的一下子跑到櫃台前要求服務，美芸衝口而出的高喊：「喂，這裡要排隊輪候，請你排到後面，輪候服務。」那人聽出這憤怒的聲音帶着倫敦口音，呆了一下，道了一聲歉，灰頭灰臉跑開了。

自此以後，美芸對看不過眼的事再不會忍氣吞聲。女兒最終也能加入木工班，而且在模型火箭製造計劃中，她做的火箭飛得最高最遠，我為她而感到驕傲。

她在香港讀書時，也許評分標準很嚴格，數學只得C級。美國的教師把她安插到成績普通的數學班，但不久便要把她提升兩級，到較高的班級，才不致讓她上課時發悶。遠在中學畢業前，她已經把學校所能提供的數學課程讀完。她的老師驚嘆說：「天啊，她的數學那麼出色也只是拿C級，那些拿A的不知要厲害到甚麼程度了。」

但女兒在學校裡也嘗了不少苦頭，幸好，她也遺傳了母親的一點品性。班上，有個特別頑皮的小毛頭愛取笑她，令她難堪。又扯她的頭髮、把書從她手上撞到地上，捉弄她。我嘗試開解她，說那小夥子也許迷上了她，

「你也可以取笑他，戲弄他。」

但許多次她總是含着淚回家。有一次，她忍不住了，直向那男孩臉上回敬了一拳，在全班的面前。

女同學們都拍手叫好。「明淇，幹得好，他應有此報。」那可憐的毛頭大吃一驚，紅了臉，從此再也沒敢取笑她。但女兒回到家裡，愈想愈難過，又哭了一場。

幸好這事情不是發生在今天，否則，那男孩很可能回家拿一支槍，跑回學校胡亂掃射一通作為報復。現在社會，人與人之間的關係愈來愈脆弱了。

我奇怪ITT為甚麼會選中羅安那克的這個廠房來進行發展光纖通訊的中心，唯一有關聯的，是那廠房的名稱，廠房名為電光學產品部，主要生產夜視鏡，或稱星光鏡，是一種軍方用的先進高科技產品。夜視鏡的主要部件，是一片由以千計空心纖維組成的鏡片，用以將光線放大。電光學產品部是

ITT國防太空集團屬下的一個部門，承接美國國防部的合約，進入某層次的機密業務時，我也要通過一定的保安檢查。

我的鄰居告訴我一個故事。他問我：「你是不是惹上了甚麼麻煩？中央情報局的人員在監視你呢。他們來問了我許多古怪的問題，像你是不是常開些吵吵鬧鬧的派對，你有沒有喝醉過，有沒有形跡可疑的人來探訪你，等等。」

我相信中情局現在仍在做着同樣可怕的事。

ITT將光纖發展放到電光學產品部，可說是個策略性決定。光纖技術在當時仍處於初生階段，要提升到實際運作用途，仍有不少艱難的障礙要超越。還有就是，光纖的特性適合作不少軍事用途。經過一番火浴似的試煉，真正的光纖系統誕生了。

在這幾年間，我埋頭工作，愈幹愈起勁，與廠房難捨難離，往往很晚才回家。美芸說，遲早要在電冰箱貼一張告示，提醒孩子他們早上看到的陌生人，是他們的父親。

我的工作時間，至少有三分一是在外地度過的。我要飛往世界各地參加各種會議。其中如歐洲光通訊會議、光纖通訊會議等，原先只是行內人的小型聚會，後來都發展成全球專家匯聚的大型國際會議。我早在一九六六年便認為，要把光纖通訊系統發揚光大，非有大量人才投入不可。事情的發展正是如此。

有時要到紐約總部開會，我大都會乘第一班機前往，然後坐最後一班機回來。有時要遠赴歐洲，我會回到英國的標準實驗所探探舊同事。在日本我也有很多朋友，彼此常互相探訪。也全靠這樣，我才會得悉其他地方的最新發展。

美芸很多時都不知我身處何地。她習慣打電話給我的秘書，要她轉告我，下班經過雜貨店時順道買些甚麼甚麼回家。但秘書會告訴她：「高先生？你不知道他今早去了紐約開會嗎？」

有時在週末開車和家人去商場，途中我總要在辦公室停一停。「等我十分鐘，我要看看實驗的結果。」

結果我少不免會遇上一兩位同事，他們都是和我一樣，在週末外出的半路中途轉到辦公室來看看。我們一談起來就忘記了時間，到我回到車上時，家人們的臉色都很難看。有一次美芸決定要教訓我一下，在等了我半個小時後，就自行開車去購物，然後回家，讓我擱在半途，不知如何是好。我們都得到教訓：如果我在家庭日要到辦公室去，沒問題，但不會有人停下來等我把公事辦完。

到了一九八三年，因為我們涉及的範圍太廣泛，競爭優勢也大為削弱，更無法專注於我們實力最強的工作。ITT雖然能作出相應的調整，保持一定的競爭力，但已不能獨佔鰲頭。就在這時候，ITT委任我為首名科學行政總裁。

我的兩名孩子已高中畢業，一名入讀夏洛茨維爾的維珍尼亞大學，另一名考進北卡羅萊納的杜克大學。美芸這幾年來先在中學任教數學科，賺點外快，後來進入維珍尼亞科技學院讀商業管理，一心想取得碩士學位，但只讀了兩年，便轉而做起服裝生意來，夢想建立自己的事業。她以為我們將在羅安那克落地生根。

我們的生活卻將翻開新的一頁。回家時我便會將這個消息告訴她。

精明機警的秘書小姐在內部對講機上說：「弗拉申博士（Dr. Stu Flaschen）的電話，你要接聽嗎？」

弗拉申博士是ITT Corporation的副總裁兼首席技術總監，主管ITT王國逾十億美元的科技業務，也是光纖通訊計劃的大力支持者。

弗拉申博士說他很欣賞我對光纖計劃的貢獻，對計劃取得成功我功不可沒。我正等着他說「但是」兩個字。但接下來他說：「我希望你能幫助總部加強ITT的整體研究與開發。董事局設立了一個新職位，職銜是科學行政總裁，相等於一個大約一千人的中型部門的總裁。」

我不大相信自己的耳朵，一時間不知怎樣回答。這個突如其來的委任完全出乎我意料之外。對新的任命，即時的反應是躍躍欲試。弗拉申博士給我一天時間考慮。

一九八二年我接受了委任，成為首位科學行政總裁。

睡房裡掛着一張我的照片，是在一片樹木蒼翠的草地上拍的，我悠然的倚在一棵樹上，手上拿着鉛筆和記事簿，看來像是在沉思的樣子。這是公司宣佈我的任命時的公關照，宣傳廣告上說：「我們給他資金和時間，讓他締造更美好的未來。」在就任的初期，我常對着這張照片發呆，不是因為自我陶醉，又或者相中人像對我說：「你是不是在做夢？」它其實是提醒我，我必須腳踏實地，不要讓一時得意沖昏頭腦。要推動ITT的技術，我要解決研究與開發部的基本問題，加強技術的管理，以及訂定發展目標，和評估技術發展對開拓新業務的影響。

我的任命，由弗拉申提出，獲得ITT主席和行政總裁通過，但到了人事總監手上時，側聞他並不同意把我提升到最高的管理層，而只能出任相等於一個中型部門的總裁。據說他曾聲稱：「高錕不是管理的材料。」我得感謝解決任命障礙的所有人，因為「科學行政總裁」這職位讓我可以實踐我的理想，也為我將來出任一家大學的校長鋪路，那顯然是要求最高的管理職位。在科學行政總裁任內做了三年，到一九八六年我回到康涅狄格的ITT研究實驗室。

在光纖的研究上，我是先行者之一，但最終產品的專利權，卻沒有為我帶來分文。許多人都問我相同的問題而且同樣認為：「噢，你一定很富有了，他們一定給你很多專利稅。」

其實不然。一般來說，僱主給你工資，他就擁有你的勞力和時間。做研究與開發工作也是一樣，你在實驗室裡想出的念頭，擁有權就屬於公司，如果這些念頭對公司有用，公司在年終也許會給我分一點花紅，又或者加我的人工，升我的職。愛挑剔的人也許會說，公司這樣做是為了把我留住，怕我辭職把新想法帶到敵對的公司。我想說的是，不是每個人都那麼幸運，能做一份完全投合自己興趣的工作，令工作也變成近乎一種娛樂。你的工作為你帶來終身的樂趣，而且你還得到報酬，夫復何求？現在儘管我已退休，但對過去曾從事的工作仍維持一定的興趣和參與。

服務ITT的三十五年間，我的職位拾級而升，薪酬也隨之增長，已到了非美裔人員所能達到的最高極限。公司可謂待我不薄。退休後，我還得到終身的長俸。我對通訊業的貢獻，獲得同行專家的確認，來自全球各學會和組織的獎賞、獎牌、讚譽和公開表揚，是我最大的收穫，能夠在歷史留名，我於願已足，專利稅云云，何足道哉？

能夠活着進入人類歷史的新世紀，我深感慶幸。

7 — 出掌中大

◆ 上：1987年香港中文大學校長就職典禮上，與港督衛奕信爵士及中文大學退休校長馬臨教授合照。

下：全力支持我日常工作的校長室人員。站立在右邊的是我忠誠可靠的司機。右二是我兒媳婦，她來中大探訪我。攝於1990年。

◆ 上：國際光纖通訊會議（IOOC）1995年在香港中文大學舉行，我在會上致歡迎辭。

下：六位現任及前任中大校長的歷史性合照：左起金耀基教授、我、李國章教授、銅像是創校校長李卓敏教授、馬臨教授、劉遵義教授。攝於2004年為李卓敏教授銅像揭幕儀式上。

一九八六年春天某日，一封信封面注明「私人密函，非收信人不得拆閱」的函件放在我的檯頭。信中說，本大學的校長將於年內退休，校長遴選委員會主席誠邀閣下申請有關職位。信由香港中文大學發出，十多年前我曾在那兒任教。這封信來得有點意外，雖然一年前我剛獲中大頒發榮譽工程學博士學位，以表揚我對工程學及十五年前替中大建立電子學系的貢獻。

在特別為榮譽博士舉行的晚宴上，有更多人發表了講話。但校長從沒暗示他和其他高級行政人員正在物色繼任人選。他們有沒有把我當作心目中人選之一，恐將無法稽考。

在收到那封意外的來函後，立即便有多位來自中大的「密使」與我聯絡。他們向我縷述學校的現狀和未來發展，並鼓勵我提出申請。

我們採取了最直截了當的做法，就是把申請書投到信箱中。我的想法是，邀請我申請職位，不等如把職位交給我，又或者我一定要接受這職位。

況且，還有別的申請者可供大學挑選，我們只能走着瞧。事實上，在我完成科學行政總裁任期之後，美國的ITT已經在它的研究實驗所ATC給我留了一個職位，我正忙於整頓各個先進研究項目。雖然法國的Alcatel正洽購ITT的電訊業務，但我絲毫沒有不安的感覺，如果合併成事，在新的機構中我肯定仍可佔一席位，即使大學不聘請我，我也沒有甚麼損失。

接到香港來的電話時，我正身在歐洲。中文大學的秘書長告訴我，已就大學校長應徵者定下會面日期，請我準備動身到香港，並在那兒停留三天。完事後，下一個行程也是歐洲。

我完全沒有想到，遴選委員會邀我見面，更沒有想到，在會面後便立即要求我回覆是否接受委任。進入會面室時我有點緊張，校董會主席請我坐到他身旁，其他委員則坐在我和主席對面。後來我才知道，主席是位知名銀行家。為了令我輕鬆點，他們輪流發問，都是環繞着我未來的職務問題。我對中大有一定的認識，回答時倒對答如流。我甚至可以在對方用英語、普通話和粵語發問時，用相同的語言回答。相信他們是要測試我兩文三語，尤其是我蹩腳的廣東話的能力吧。談着談着，我發覺特別容易口乾，也許是我話説得太快了，像怕沒有足夠時間充分表達意見似的。近十多二十年來，我從沒參加過甚麼面試，大部分時間都是我發問，甚至盤問對方，已忘記了作為回答一方的感受。會面終於完結，互相握手後，我終可鬆一口氣。

他們用司機開車送我回酒店。時差令我昏昏欲睡，一睡就差不多到晚上九點。這時，校董會主席來了電話。

他説：「校董會一致通過委任你由下一學年起出任校長，你明天將會與大學職員代表，以及學生會代表會面，讓你和與校長職位攸關的兩個團體溝通一下。請你想想還有甚麼問題要問我，或者有關的團體。請你明早通知我你是否願意接受我們的聘任。」

他想了想又說：「我相信你已經清楚關於校長職責和聘任條件的所有資料。」

主席快人快語，嚴肅認真，當時覺得他有點難以接近。後來與他熟絡了，才發覺他待人溫厚、善體人心，是位務實的領袖。像過往一樣，美芸對我的決定給予理智而毫無保留的支持。我一生的第二項事業就此展開。這次工作性質與科技工業可說南轅北轍，勉強或可說成是學術界的行政總裁吧。

而一九七〇年至一九七四年間短暫的教學生涯，這時刻對我大有裨益。為中大設立一個學系的經驗，讓我大概知道學術界的運作情況。

與教職員代表和學生領袖的會面有點對立的意味，但他們並不是針對我，只是對校董會沒有讓教職員和學生加入遴選委員會有所不滿而已。我必須矯正那些對我管治大學的行政能力的質疑。我刻意表明：「各位教師們都定必會對自己專業範疇內的成就感到驕傲，我將竭盡所能，為各位締造更大的發展空間，讓各位在學術上更見精進，在培育學生上更有所成。」

現在反省，我當時未免過於理想主義，若被評為太天真並與現實脱節，也不為過。可是，我是生性如此。若説我天真，我會説只是太認真而已。你總不能説我未盡全力。在未來九年長的光景裡，無論是與大學有關的人或事，我都從沒有捲入甚麼密謀秘議的漩渦，招惹甚麼閒言閒語。我懂得怎樣保護自己，那就是不知是誰在一首詩中説的：「我的忠誠就是我的盔甲。」忠於自我，令我在晚上睡得安穩，説話暢所欲言。

我飛返歐洲，參加餘下的會議，卻一心想着與家人團聚。回到美國辦公室時，景況令我大吃一驚，我的新任命已先我一步傳遍當地社區，隔天運抵的香港中文報章都以有關消息作為頭條新聞，可是，我還未向上頭請辭。我不無尷尬地約見上司，他卻表現得十分雀躍。

「恭喜你。你要離職，我們很遺憾，但你將有更遠大的未來。ITT雖面對劇變，但已為你準備了其他連串計劃，我們將懷念你，祝你好運。」

在候任的一年期間，是我和美芸的一段興奮日子。未來六年的路已定下來，我們可以有充分的時間安排以後的生活。

離開前ITT的同事們給我舉行了歡送晚宴，場面感人，令我淚盈於睫。美芸整晚提心吊膽，怕我情緒失控。的確，我把熱淚忍得十分辛苦。

行將卸任的中大校長雖仍主持校務，但遇上影響及大學未來發展的決策，都與我商討，對此我心懷感激。多位大學的高級行政人員更親自來向我匯報校務，讓我可以知悉大學的日常事務和新發展，對我來說無疑是一個難得的學習和調整期。但校董會主席沒有讓我在時機未成熟時知道大學要面對的一個棘手問題。他顯然已知道，政府有意統一大學學制，時間就在我上任之後。主席曾暗示我先想想如何處理有關問題，並提示我要注意師生們對這問題的強烈反應。

在離開ITT和到中大就任之間，有一個三個月的空檔。這時，無巧不成話，Bellcore給我一個極具吸引力的差事，就是邀我出任他的顧問。我有三個月時間深入認識實驗所的研究人員，了解他們的目標和困惑，以及他們解決問題的方法，並分析管理上的種種問題。這工作開拓了我的視野，對我日後成為技術顧問也有所幫助。

結束Bellcore的顧問工作後，我和研究部的關係變得更為密切，也認識了不少朋友，其中幾位，我在數年後設立訊息工程學系時，聘為系內的教員。他們豐富的經驗，大大有助於課程的改進，使學系的學術水平獲得世界確認。

在申請中大校長一職之前一年，即一九八五年，我曾在德國史圖加特的西門子公司做過一年工，我的兒子初出茅廬，仍住在家裡。他能與我們同住，我很高興，雖然他不算是個愛打理家務的年輕人。女兒明淇在新澤西的貝爾實驗所工作，也在那兒定居。一九八五年冬回到美國，第一件事便是給美芸安排割除子宮瘤手術。這年聖誕，各散東西的一家人難得在家裡團聚。但未來幾年，我們還是要遠隔重洋，各散東西。

美芸手術康復，立即就要報讀附近Fairfield College的一個春季課程，她總喜歡不斷進修學習。明漳受朋友慫恿，準備在一九八六年秋季入Brown University，攻讀電腦工程碩士學位。他獲得學士學位時雀躍萬分，曾嚴正宣佈：「感謝上天，總算讀完了。從此以後我再不要考甚麼試，我再不要讀上去。」要不是友伴鼓勵，我們身為父母的根本起不了作用，我得感謝他們。

在一個明朗的秋日，我抵達香港啟德機場，就任香港中文大學第三任校長。美芸和我在機上睡得安穩，準備好與前來接機的一眾要人相會，他們包括副校長、教務長、秘書長、財務長和圖書館館長。這是殖民地時期香港的官式禮儀，其隆重令我深感榮耀。汽車把我們載到貴賓室，那裡早有不少人等候迎接，尤其難得的是，那還是清晨時分。從貴賓室出來，司機已在等候，我們的行李也安頓在行李箱內。新聞媒介也來了，鎂光燈閃個不停。就這樣，我們翻開了生活新的一頁。

校長府位於主校園對面的一個小山上，門前的車道，相信是香港通往私人住所最長的車道，守衛遙遙望見我們的車子，便打開門前鐵閘，我們的管家也在迎候。

校長府是山上唯一的住宅，在林蔭蒼鬱的半山，一不留神便察覺不到樹木叢中的那條車道。只有一塊刻上「漢園」二字的小石碑，標示附近有住宅。大宅建於一九六〇年代，屬五十年代加州式設計。樓下飯廳可容十六人同檯用膳，旁邊的客廳十分寬大，可供多種用途。我們時常邀請三十至五十位教職員和客人，或是整個學系的教員和家眷來進行各種活動。花園的重心景點自然是那個魚池。日本領事在房子落成之日曾贈予多條漂亮的錦鯉，紅的、金的、白的，大的、小的，相映成趣，餵飼時眾鯉一時匯集，翻滾追逐，蔚為奇觀。

如果不是事先有一年時間預為準備，了解大學的使命和行政程序，現在要發號施令，一定會亂作一團。睡過一覺起來，我已經有在家的感覺了。

我的首要之務是提升大學的研究水平，使其足以躋身世界頂尖大學的行列。

出色的教學人員有一個共通點，就是擇善固執，欠缺這種質素的人，很難與時並進，勇攀學術的頂峰。無論過去、現在，還是未來，我們都應感謝他們對增進人類知識的貢獻。

我相信，大學校長的秘密武器，是具有洞察教學人員志趣的能力，並能善於與他們溝通。可惜的是，我不得不說，有些學者已失去進取的動力，總是在原地踏步。更糟的是，如果讓這類學者盤踞高位，勢將大大打擊基層學者的士氣，一個本應朝氣勃勃的學系，如果由一個暮氣沉沉的人統領，後果可想而知。讓表現出色的教學人員保持活力，是推動大學不斷向前的唯一良方。

出任中大校長的九年期間，我相信我有兩項優越的條件。其一是我有與頂尖人才合作的豐富經驗，知道怎樣策勵他們精益求精；我在光纖通訊業內的地位，也有一定的幫助；其次是我常能保持客觀中立，不偏不倚，這也是我做人處事的宗旨，因此在處理問題時能顧及各方感受，無論與群體還是小眾都能維持良好的關係，少有齟齬。

我的退休歡送會是一個感人的聚會。大家都為能克服困難，令大學成為一家質素獲世界確認的學術機構而感到興奮。大學教育資助委員會（UGC）的主席說：「中文大學是一家建基於香港的大學，現在我們可以說，中大是香港的一家世界知名的大學。」功勞應歸於全體教職員，尤其是精奮日進的教學人員。我只是適逢其會，在中大銳意發展的階段，致力並成功將大學提升至最高的國際水平而已。在這期間，我們經歷了多項改革，有些改革是強加於我們之上的，有些是由我們自己策動的，我有幸能得到四位副校長的扶助，是他們的無私奉獻，令改革取得成效。

四改三之爭：以失敗開始的勝利

卓有成效的大學四年制，始於二十五年前中大成立之初，要一下子改制，頗令我有點措手不及。教資會建議，將中大所獲的資助額與香港大學看齊，而港大行的是三年制，中學生需讀兩年預科，才能報考港大。看到這樣的建議，我簡直不相信自己的眼睛。

我相信，這是一個愚蠢的官僚決策。政府的做法，也許是為了增加大學畢業生人數，而三年制大學是比較節省成本的。要中大四改三的壓力也有可能源自中學。也許可以這樣說，支持改制的人自有他的理由。

但對我來說，我希望見到的大學制度，應該富有彈性，而不是刻板的千篇一律。對教資會的要求，我的反應是想方設法令中大在驟變中保持靈活性，同時保持對質素和卓越的追求，無論是在我們的傳統強項，還是在新的領域上。

其中一個方法，是將課程改為學分制，各個科目的學分由一分至三分不等，要獲得學士學位，學生必須修滿一百二十個學分。美國的大學和高等學府，都是採用學分制，多年來證明行之有效。這制度有很高的靈活性，而且可即時實施。

特區政府在二〇〇二年提出將中小學學制改為六年小學、六年中學。大學則可相應調整課程，容許學生在四年時間內畢業。如此說來，當日要中大改制，無疑是多此一舉，浪費了許多人力。我殷切盼望教育改革者了解保持學制靈活性的必要。

由天安門事件到港事顧問

一九八九年可說是中國多事之秋。中大學生會派出了代表團上京，以表示他們對學運的支持。但坦克在六月四日清晨開進天安門之後，他們被困在北京。當日我身在美國，從電視上目睹現場發生的一切，當然還有一名市民擋在坦克前，阻止坦克前進的情景。事件中有市民傷亡，但據報道，傷亡主要發生在廣場周邊街道和地區，軍隊進入廣場只是展示武力，在電視鏡頭中看不到有傷亡事件。多日後，中大學生平安回港。

那些日子緊緊牽動香港市民以至世界各地人民的心弦。香港學生，尤其是中大學生反應強烈，天安門餘波在他們之間久久不散。因此，當我獲邀出任「港事顧問」時，頗有進退維谷之感。中央政府顯然汲取了學運事件的教訓，希望藉委任港事顧問以加強中央與香港的溝通和了解。港事顧問來自香港各界，從而形成一個意見交流的渠道。這也是邀請書明言的一點，我深信不疑，並決定接受委任。

接受委任前，我也聽取了高層同事和美芸的意見。我向外界表明，這是與中央政府溝通的一個渠道，而我會忠於自我而且明確的表達自己的意見。我認為有必要讓意見如實的直達中央，而不是如日後學生們所憂慮的，成為中央政策的傳聲筒。

中大學生要求與我公開討論。討論會吸引了大批學生、教員和記者。我堅持自己的意念，指出正因有各種不同的意見，加強溝通和意見交流是達致共識的真正民主的方法。作為負責任的社會成員，我們必須讓各種意見得以明確鋪陳，並從中選取最佳的實施方案。同學們與我針鋒相對，他們顯然不認為中央領導人會聽取或理會人民的意見。個多月後我上京接受正式委任時，一位領導人對我説，他也看過我在中大的辯論。「我認得你，我在電視上見過你。」他說。

從報章上的報道看來，我的言行似乎通過了他們嚴格的「審查」，我鬆了一口氣。

成立新的工程學院

受六四事件衝擊，香港政府採取了相應措施，以挽回港人對香港前途的信心。香港總督並提出兩項新措施。其一是在十年內增加大學學額百分之五十，其次是在大嶼山興建新機場。此外，在七個貨櫃碼頭之外，會多興建兩個貨櫃碼頭。此等新設施，將令香港成為亞洲區內最完善及最龐大的運輸中心。

有人認為，要是為了香港的繁榮安定，這些工程早就應該建設，殖民地政府在撤出前夕始大興土木，無非是要市民記住她的恩惠，而且真正得益的，是英資公司。對我來說，大學學額的擴張無疑是及時之舉。如果不是增加學額，讓我有更多資源推動中大發展，新成立的科技大學恐怕就會把大部分的資源汲納過去。在更平等的競爭基礎上，我們建議設立新的工程學院，以及擴充和加強其他各學院。新工程學院將集中於電子工程和電腦科學，成為一個包羅廣泛的電子工程和電腦科學研究中心。主要的知識範疇包括發展迅速的電子、電腦、系統科學和材料科學。新學院的成立，也可說適逢其時。

香港局勢日趨穩定，香港與內地的雙向投資日見增長，生產總值穩步上升。與此同時，美國正陷入短期衰退，我們因此可以有能力聘請一流的教學人員。我們將既有的電子學系和電腦科學系納入新的工程學院，而訊息工程學系是其中首個新成立的學系。我們有幸能請來哥倫比亞大學一位最出色的工程學家出任院長。在院長領導有方下，工程學院的地位足與世界各大學的同類學院爭一日長短。作為校長，我也有了一個比較和量度的標準，推動其他學系向前邁進。多年下來，工程學院的所有學系都取得良佳的發展。

從工程學院的經驗，我深信學院同人所得到的滿足感對其他學系也有一定的感染作用。成就感和滿足感是推動人們向前邁進的最大力量。

大學的結構改革

大學的結構應該給予學術和行政人員有力的支援，只有這樣，大學才可以有所成就，而每個人也可以獲得滿足。這當然是一個理想。大學校長的責任，就是給予必需的支援。校長不能照顧每一個人，而又同時兼顧無數的份內工作。搞好與社會的對外關係、與政府周旋、與全球學術界聯繫，以至與校內教職員直接或通過主要人員溝通，已花去了他大部分時間。領導行政與指導學術方向花費時間，與教員和學生溝通交流也花費時間，除此之外，還要有新的建樹。

我面對一連串必須處理的結構性改革，包括學術與行政人員的假期、自動薪級調整、退休金問題、開除欠缺表現人員的標準、專利權，以及校外職務、財政分配和控制等等。

教職員的假期

為了提升學術人員的知識水平，大學校董會明令所有學術和高級行政人員每年可享有兩個月假期，並可累積，到第六年，就可以放一年長的假期。這規定的目的，是希望有關人員能再「充電」，求取更多知識或見聞。香港研究資源不足，是讓學者放假外遊增進學養的主要原因，但我不明白為何行政人員也有同等的權利。

在一九八七年，我發覺不大有人會放一年長假，大都是把假期累積下來，到了退休時，他們就可以獲得一年額外的薪酬。因通脹持續，假期逐年累積，那麼，每七年或更短時間內，相等的薪酬很易就變成原來的一倍。

解決問題只有一個可行的方法，我向校董會提出了我的建議，就是所有新聘教職員只能累積最長六個月的假期，開始時間一經訂定，將不可更改。現有教職員也可選擇這個新安排。

薪酬及退休金問題

大學教職員的薪酬，都與公務員的薪級制掛鉤。公務員薪級制是在殖民地黃金時期制定的，當時的高級公務員，都來自英國，他們的薪酬中，包括了所謂的「辛勞補償」和豐厚的省親假期。大學根據政府薪級表支薪時有一項附帶條款，聲明職員的薪津不得高於同級的公務員。而公務員薪酬的調整，又參考私營機構的幅度，即使不高於，也不會比私營公司少。但到了一九九〇年代，因港元幣值以7.8兑一美元的固定匯率與美元掛鉤，美國的通脹，相應加速了香港薪酬水平的上升。因為生活指數也是釐定增薪幅度的一個因素。

大學漸漸感受到這種薪酬結構的壓力，因為大學的退休金制在通脹時期對僱員有利。通脹連年，香港的生產總值已躍升至世界最富裕地區的水平。中大的退休金儲備若以精算基礎計算，已處於財政赤字，在校董會主席和一位校董的協助下，我們設立了退休基金，以確保無論在通脹還是通縮的環境下，都保持償付能力。

開除欠缺表現人員的標準

要開除表現欠佳的教職員，大學條例只列出一個條件，就是精神失常，或嚴重疏忽職守。中大有一個額外的規定，就是年過五十五者才可以辭退。在九年校長任期內，我只發現有一名人員須予革職，但因當時我行將任滿，所以不宜採取行動。即使有所行動，有關人員也可運用拖字訣，反控校方歧視或指控失實，這麼一來往往可以拖上數年。唯一有效的方法其實是在他六十歲時不再與他續約。我無奈接受讓少數無心進取的人留下來。另一個方法是向他做心理工作，鼓勵他多做些有建設性的事，否則只好請他甚麼也不要做，自行隱沒算了。讓這樣的人在幕前掩映來去，不但丟人現眼，也會產生極壞的反效果。

專利權與校外職務

在科學、工程學及其他應用學科中，教師在校外擔任職務，或求取專利權，並不鮮見。在藝術、語文和文學範疇，這種情況較為少見，性質也不盡相同。我處理校外職務和專利權的方法，源自我當電子學系主任時的經驗。

當時我曾對系內的同事說：「我的職責大致可分為四個部分，就是行政、教學、照顧學生，以及做研究。每一項工作都佔去我一定的時間，餘暇其實不多。每個人當然都有自己的志趣和追求，也可按自己的意願分配時間，但在『取』和『予』之間，必須確保關乎整體的工作得以完成。」

我的取向是實事求是的。我傾向於信賴教師的責任感。一位盡責和富有活力的教師可以承擔一個或多個學術角色，而同樣表現出色。美國的做法看來較公平，就是教員只支九個月薪酬，其餘三個月不支薪，得另行賺取收入。主動權操在他自己手裡，但無論是在校內或是校外工作，都應按合理的市場水平支薪。

大學藉專利權發明謀利，或在校內提供替外間機構工作的機會，都不是明智之舉，除非是另聘人員負責。大學的使命，不應滲入謀利的商業動機，商業和學術可以合作，也應該合作，但雙方都必須認清本身的基本目標。

主理大學校政九年，是我畢生事業中令我最獲益良多的經驗。我認識來自各階層和不同年齡的人，獲得多方面的知識，體會到人們表達意見的不同方法。只有在一家廣泛包容各個學術領域、各種學科的大學，我才有這種機會。這幾年經驗大大擴闊我的眼界，加強我的溝通和協調技巧，令我更善於運用觸類旁通的思維方式。凡此種種，我實在心懷感激。我的想法不一定正確，但我愈發相信思考問題還是簡單直接的好，鑽牛角尖解決不了問題。

8 — 我的收穫

◆ 左：一個不專業的木匠——為木屋鋪上橡木地板。1976年攝於史密斯山湖旁邊的度假小屋。

右上：孩子們望着我在新建的木碼頭上漂流。1976年攝於史密斯山湖旁邊的度假小屋。

右下：已近半落成的湖邊小木屋。攝於1978年，照片中分別是我父、我妻及我子。

◆ 上：1977年獲富蘭克林學院頒發的Stewart Ballantine獎章，初嚐成為名人的滋味。攝於1978年美國費城的頒獎典禮上。

中：馬科尼的女兒布拉加夫人與1988、1985、1987的馬科尼獎得獎者合照。攝於1988年，意大利，羅馬。

下：1985年獲頒的馬科尼獎。

◆ 上：1990年獲英國索塞克斯大學（Sussex University）頒授榮譽學位，美芸與親友出席典禮時留影。
下：1996年在日本東京領獎時留影。Ito博士得醫學獎，我得的是高新科技獎。

◆ 上：1996年獲英國皇家工程學院頒授勳章。頒獎禮在白金漢宮中國廳舉行，並由菲臘親王親自主持頒授儀式。

下：1999年獲美國耶魯大學頒授榮譽博士學位。美芸給我幫忙。

早期我在光學方面所獲的獎項，其中一個是在羅安那克工作時獲得的。當地報章登載了有關報道，我的鄰居因此知道我獲獎的消息。

「我在報上讀到你獲獎的消息，那獎品還是一隻史都班（Steuben）水晶碗，嘩，一定很漂亮，我等着看呢。」

史都班以水晶玻璃製品聞名，當然也價值不菲。當時我對此一無所知，鄰居那興奮的表現頗令我不明所以。那是一九七六年，我得的是莫理獎（Morey Award），但頒獎禮舉行那天我有要事到海外公幹，只好請人代領。鄰居纏得我要緊，最後我不得不把那水晶碗取回來。那是個無甚花巧的圓碗，約五吋高，八吋直徑，很厚，很重，尤其是底部。碗邊刻有日期和我的名字，分量十足，但毫不起眼。鄰居一看，頓時臉色一沉。這口碗子大概離他的想像甚遠，令他十分失望。

孩子們也不識好歹，戲稱這口史都班碗為史都拔（Stupid，傻瓜）碗。

我把碗放在書架上，用來盛火柴盒。

第一項現金獎賞是一九七八年來自英國的蘭克獎（Rank Prize），是和我的前同事喬治均分的，一九六六年的那篇論文，就是由他和我合著。獎金不少，當時對我還是筆大數目。我很有衝動要花光它，而不是儲起它。結果我花了一點，也儲起了一點。

我們在羅安那克已住上了一段日子，家裡各人都安定下來，也習慣了美國生活。我們發覺廣闊的郊野最宜遠足旅行。史密斯山湖是維珍尼亞州這一區內居民度週末的熱門地點，毫無疑問，那裡是暫時隱居避世的桃源。

我們到過一些同事在湖邊的物業，為其美景所迷，怦然心動，也就買下一塊六畝的土地。週末時候，我們會到那兒漫步，親炙大自然。我學會用電鋸把樹木清除，好騰出一些空地，用作露營或野火燒烤。我不是個巧手的木匠，先拿些小株樹木作試點，到習慣了操作電鋸和鋸木時刺耳的聲響，便嘗試拿一棵大樹開刀。它正靠近湖邊，擋住了視線和風景。

首先我要在樹的一邊砍開一個缺口，缺口的位置，就是你要樹木倒下來的方向。我下鋸之後才發覺，樹幹的重量令電鋸動彈不得，也不能把鋸拔出來。我找來另一位朋友用他的電鋸來幫忙，最後還是要讓大樹掉進水裡。可是水太淺，不能把樹幹浮起來。結果，我們要把大樹鋸成一小段一小段，才能把它拿走，這麼一來，難免弄得筋疲力竭，滿身泥濘。

把地買下的一年內，我在上面搭了一個木平台，作露營和擺放雜物之用，還有一個木浮台，讓我們在上面坐臥、垂釣和游泳。浮台用繩索繫在附近兩棵樹上。我們另外買了一艘二手摩托船，學會了滑水，但還不敢開到大湖裡去釣魚。可是，一次特大的暴風雨卻把我們的浮台沖走，無影無蹤，連小艇也給打沉了。

擁有一間度假屋是我們一直以來的夢想，現在我們有錢了，可以讓夢想成真。美芸一直留意套裝木屋，認為我們應在湖邊的土地造一間這樣的房子。蓋套裝小屋挺容易，就像砌拼圖遊戲而已。我就用得來的獎金，買下一間這樣的木房子。

我們首先要起一條路，然後決定建屋的地點。選址後，便要挖掘地基，灌入三合土，還有就是建一個化糞池，當然最重要的還是尋找清潔的水源，找來專家鑽井。

從圖則上看，蓋一間木房子是挺容易的事，每枝木條都有編號，也開好了接口，但動起手來才知道事情並不簡單，我和兒子合力，連一條木椿也抬不起，更遑論要把它豎立、放好。我們只好從木屋供應商那兒請來米奇當外援。好不容易才完成了平頂禮，將最後一塊木材鋪到屋頂上，之後我們又要自食其力，佈置室內的一切。

專撿破爛的美芸，在一家瓷磚店的後邊發現一堆棄置的花瓷磚，我們又撿來鋪在浴室地上和廚房的灶頭上，都砌成我們自己獨特的圖案。因冬天極嚴寒，我在屋裡造了一個橙紅色的火爐，長長的煙囱直伸到屋頂外。我們的度假屋日具規模，設備日漸完善，來度假時就更愜意了。

本來還有許多修修補補需要完成，但我的工作愈來愈忙，即使有時間，也要忙於購物、參加孩子學校的活動，又或者忙於社交。星期天即使有空，也起得很晚，匆匆一個下午到湖邊去也沒有甚麼作為，所以其實一直沒有怎麼好好享受過湖邊度假的生活，然後我們就要離開羅安那克了。

在搬離羅安那克之後幾年，我們仍保留度假屋，租過給幾家人。直到我們知道，再不會回去了，才把房子賣掉。我緬懷那段一家人親密住在一起的日子，湖邊的歲月，充滿了愉快的回憶。

我的獎金除了用來蓋房子外，還餘下小部分，都用作兩個孩子的大學教育經費，減輕了四年下來需要貸款的數目。他們畢業後，仍要分批償還，我算是培養了他們的財政承擔責任感。

在往後的日子裡，斷斷續續的得了不少獎項，有時是一隻銀碟，或是一張裝裱好的證書、一塊獎牌。一九七七年由費城富蘭克林學院頒發的Stewart Ballantine獎章，儀式最為隆重。都是拜總部同事們瞞着我，到處給我提名之賜。他們的努力都得到成果，看來比我還要高興。沒有他們的熱誠，我的工作不會獲得廣泛的確認，我真的得感謝他們每一位。

一九七九年的瑞典愛立信獎（Ericsson Prize）先用電報通知，隨後才有正式函件。我戰抖着打開電報，要過好一會，心情才平復過來。那實在不由得我不緊張，獎金是五十萬美元，雖然是和我的好朋友莫理亞分享。

我的樟腦封藏黑色西服也不管用了，這趟得穿燕尾禮服，我是到達瑞典後才趕製一套。我和美芸在當年十一月到斯德哥爾摩出席了長達一星期的頒獎活動。在大學的孩子們都要上課，沒有同行。我們乘坐瑞典航空公司的頭等客艙，才登機，機艙服務員便指名道姓的向我們祝賀。我彷彿已成了知名人物。

我們入住的自然是最好的酒店，我們盡情享受酒店的設施，但花費十分謹慎，雖然一切開支都不用我們支付分文。在以後幾年，我們的手頭雖然比較寬裕，但在花費上仍一直節約，尤其是運用公款時更是如此，我們既不胡亂花自己的錢，當然也不應拿公家的錢來揮霍。

頒獎禮按諾貝爾獎的規格進行，在同一個禮堂，由瑞典國王古斯塔夫·卡爾十六世主禮。儀式上少不了各色人等的發言和讚詞，都是表揚莫理亞博士和我的貢獻。然後莫理亞和我都要相繼致詞。美芸後來告訴我，我把拳頭捏得緊緊的，顯示出我十分緊張。當時我的皮膚常起斑疹，正是工作壓力和事務繁忙的後果。

那一星期活動十分緊湊，除頒獎禮當天晚上的盛宴外，還有大大小小的宴會。在其中一個較小型的宴會，國王也有出席。入席前的酒會上，我們發覺來賓都聚集在長長的房間的一頭，國王則獨自在另一頭。莫理亞夫人芭芭拉認為他太孤獨了，看來很不高興，於是拉着美芸跑過去跟他聊天。當天晚上我們就給惡補了一課瑞典皇室禮儀。原來除非國王下令，否則沒有人可以接近他。看來，身處高位的人也是挺寂寞的。晚宴上我就坐在國王旁邊，我發覺他也有點繃緊。

坐在國王旁邊我們談的是甚麼？他很熱衷告訴我他的遊艇的一切，又問我光纖是否可用來改善船上的導航系統。

差不多十年後，在一九八八年，我獲選為瑞典皇家工程科學院院士，我和美芸到斯德哥爾摩參加為新任院士而設的晚宴。國王與皇后也有出席，我們列隊恭迎，這時我的社會經驗已更為豐富，懂得有禮地向皇室伉儷鞠躬致意。

國王向我微笑說：「我認得你，我們在另一個場合見過，你很面善。」

國王也比上次輕鬆得多。成家立室、養兒育女會令人變得成熟，我們看來都累積了不少人生經驗了。

愛立信獎給我們頒發了兩個獎章，一個是用黃金造的，我一直存放在銀行的保險箱裡，另一個是用鍍金造的複製品，專供炫耀之用。一九八五年到德國工作時，我用紅色錦盒盛着隨身攜帶。有一天我打開錦盒給一位朋友看，卻發現裡面空空如也。想來想去，只有一個可能，就是每星期來一次給我打掃房子的女工把獎牌拿走了。她的工作做得有點拖泥帶水，幾星期前已把她解僱。那獎牌不知流落何方，希望終有一天會回到我的身邊吧。

在德國史圖加特，我得悉另一個獲獎的消息。是紐約來的長途電話，馬科尼獎（Marconi Prize）遴選委員會在敲定得獎者後急於把消息告知，不曉得從哪兒得悉我的行蹤和住處電話，立即致電給我。因兩地有五六小時的時差，當時大概已是德國的午夜，我睡得正酣，惺忪中拿起聽筒，含含糊糊的應着：「喂，是，噢，唔，謝謝。」隨即又重回睡鄉。

身旁的美芸給電話吵醒，很想知道是甚麼一回事。我說：「她們好像是說甚麼馬科尼獎。」說畢，又倒頭便睡。美芸不放過我，不時把我弄醒，要問個明白。

我回到紐約與遴選委員會面時，當然完全清醒了。我向他們道歉，請他們體諒我的無禮。

一九八四年秋天，我在耶魯大學開了一個有關光學纖維的研究生課程，在一九八六和一九八七年我都開了同樣的課程，但隨着教學相長，內容經過修訂。我的講義累積得不少，只要多花些工夫，便可寫成一部書。當時有關這課題的學生用書不多，英國的電機工程學會曾與我商談寫一部教科書，我正好藉此履行對馬科尼獎的承諾。一九八八年，在電機工程學會的贊助下，英國Peter Peregrinus出版社出版了我的《光學纖維》，供有關學科的學生使用。美芸給我寫了一篇很好的序言，還修訂了我的英文，令這部書的可讀性大為提高。

在一九八八年我和美芸出席在意大利博洛尼亞舉行的頒獎禮時，我向大會報告了這兩年來的工作，算是有了一個交代。布拉加夫人用盡了她在意大利的聯繫，讓我們在意國的日子過得極愜意。

我要將回憶調校回二〇〇〇年以前。在一九九六年，我獲得了日本獎（Japan Prize），這是一個重要的獎項，獎金也十分豐厚。主辦當局希望，這獎項有朝一日能達到與諾貝爾獎看齊的地位。諾貝爾獎並沒工程獎之設，愛立信獎雖受注目於一時，但自一九七九年後，我便沒有聽過有關這獎項的消息。我希望日本獎在國際上能廣受注目，不是出於個人的理由，而是因為工程學對推動社會發展卓有貢獻，工程學家也因此值得社會大眾的重視與尊重。可是，不論你獲得的是甚麼獎項，仍總是不及掛上一個「諾貝爾得主」的名銜來得惹人矚目。

獲得日本獎時，我已快從中文大學校長的職位上退下來，經濟上算得寬裕。我無須再為孩子們的教育經費操心，他們都已獨立，自行賺取生活。我是日本獎的唯一得主，那一大筆獎金，我應怎樣運用？

美芸對美國的税制有點反感。作為美國公民，我們在世界其他地方獲得的收入，都要繳税，不論那收入的來源是甚麼，即使那是外國頒給我們的一個科學獎項。

美芸説：「我不想要皮草大衣、名貴首飾、豪華汽車或遊艇，又或者是任何生活奢侈品，我們把錢捐給慈善機構，也不要讓森姆叔叔把其中四成袋進口袋。」

她向税務律師求取意見，律師説，與其花時間自行成立和管理一個慈善基金，倒不如捐給一家美國的大學。

這是個好建議，我們就將獎金捐給耶魯大學。我雖然不是耶魯的學生，但自我在耶魯任教，到我在中大校長任內延引來自「雅禮協會」（Yale-in-China）的教員，我與耶魯都可說深具淵源。我們設立的基金，旨在建立東西文化交流的橋樑，以加強西方對亞洲文化的了解。在高錕基金成立五年後，每年約可保送十名耶魯大學的學生在暑假期間前往遠東學習或從事研究。雖然基金工作開展得比較緩慢，現在已在耶魯學生中取得廣泛的認同了。

我沒能親自領獎的其中一個獎項，是一九九五年世界工程組織聯合會（WFEO）的金章獎。頒獎禮在布加勒斯特舉行，我和美芸已經登了機，可是適逢颱風襲港，只好取消這次行程。金章在幾年後我參加一次工程學會議時，才落在我手裡。

另一個獎章來自英國皇家工程學院，那是一九九六年的事。頒獎禮在白金漢宮的中國廳舉行，學院贊助人菲臘親王親自主持了頒授儀式。

一九九九年某天在辦公室的時候，接到美國國家工程學會主席打來的電話。和他相識多年，在香港也接待過他好幾次，我以為他又來了香港，在電話上我說：「你好嗎，你是甚麼時候來的，會留在香港多久？」

出乎意料，他是從美國打來的，說有好消息告訴我。

我記起好友Dr. Wing去年曾告訴我，他提名我作為美國國家工程學會的查理·斯塔克·德雷珀獎（Charles Stark Draper Prize）候選人。我很高興知道，我、莫理亞博士和麥捷尼博士同時獲獎。大會頒給我們這個獎項，是確認我們在工程學上取得突破，對推動光纖在通訊上的應用卓有貢獻。

除了獎章和獎項外，我也得過不少榮譽學位和教授職銜。榮譽教授一般沒有特別的職責，通常是在頒授名銜的大學主持一個講座而已。榮譽學位則是頒授給對學術或社會有重大貢獻的人士。一九九七年的耶魯大學畢業禮上，我獲授榮譽博士學位，同時獲得這榮譽的還有美國聯邦儲備局局長格林斯潘，以及主演《仙樂飄飄處處聞》的著名女演員朱莉安德絲。

我也獲香港中文大學頒發榮譽學位，並代表其他榮譽學位得主在典禮上發言。成立逾一世紀的格拉斯哥大學給我頒授的榮譽學位最值得懷念，因為我的提名人約翰．藍姆教授在儀式舉行前數月不幸去世了。帕多瓦大學榮譽學位頒授儀式在大學有九百年歷史的大堂進行，那是世界第二最古老的大學，令我倍感榮寵。合計起來，我取得了九個榮譽博士學位，加上自己求取的一個，共有十個博士名銜。在耶魯大學，有人將那些取得十個本科和榮譽博士學位的，稱之為「十博士」（decadoc），我很榮幸，也可以名列其中了。

我所得的獎項，其實是同事和公司管理層在背後支持的成果。沒有他們肯定我的工作，並努力不懈地向全球機構推薦我參選，我肯定不能一步一步的踏上為世界認識的階梯，並獲確認為「光纖之父」。

9 — 家庭生活

◆ 右：1959年美芸在英國家門外的1937 Cabriole款阿士甸轎車內留影。我們住頂樓。

左上：1960年英國威爾斯露營，照片所見是借來的露營帳篷。

左下：仍然是穿着恤衫、結領帶，與兒子到沙灘休憩。攝於1962年英國南部布萊頓（Brighton）。

◆ 右上：1963年，一個快樂的父親與太太、兩名子女、甥女、岳母在英國艾式克斯（Essex）留影。

右下：我那圓胖的女兒及胖嘟嘟的兒子。1963年，英國艾式克斯留影。

左：1965年英國華爾頓（Walton）海岬與女兒在海邊玩蕩鞦韆。

◆ 上：闊別十三年後，攜同妻兒到北角父母家中團聚，攝於1966年。
下：父母1967年移居英國，弟弟從美國來訪。於英國家中合照。

◆ 上：1986年於美國與女兒在馬科尼像前留影。
下：1986年於英國倫敦一書店（Foyles Bookshop）內發現我的一本著作《光纖》（*Optical Fibre*）。

在傳統家庭裡，往往幾代同堂，雖然代溝會帶來隔膜，但到底是骨肉相連的親屬，彼此間總會維繫着關愛的情愫。現在流行小家庭，加上交通發達，一家人很多時各散東西，聚少離多，反而日見疏隔。幸而新的通訊技術日進千里，令天各一方的家庭成員又再恍若比鄰。

婚後初期我可說囊空如洗，銀行戶口只有二十英鎊。我的父親對我大破慳囊買來一套二十卷《大英百科全書》猶有餘悸，時常來信提醒我節儉持家。如果他知道我接近不名一文，恐怕要比我更惶惶不可終日。

辦公室裡一些比較年長的同事，教曉了我一些低成本的度假方法，其中一位借給我們一個漏水的帳幕，讓我和美芸到鄉郊旅行露營。在假期快完時我患上了扁桃腺炎，不得不請求山上的青年旅舍收留。在當年，青年旅舍的舍規十分嚴格，入住者必須為青年、單身，以及徒步旅行。舍監體諒我們的處境，讓我們住進一輛活動篷車客房內。在那些多雨的晚上，我們得以靜聽雨水溫柔打在穩靠的車頂上，而無須躺在濕冷的硬泥地，被帆布篷頂的劈啪雨聲兼點滴滲漏折磨，實在是一大解脫。

孩子出生後，我們變成一家四口。但那隨後的五年還是憂患重重。年輕的家庭大都有親密的親人相扶助，我們卻沒有這種福份。我的雙親遠在地球的另一邊，姻親在地理上雖十分接近，卻形同陌路。岳母一心讓我們無地自容，將美芸變成一具扯線木偶。我們初為人父母，有如投進茫茫大海，無所倚仗。全靠當時流行的Dr. Spock的育嬰指南，才不致手忙腳亂。

我們在夏洛的新居很是潮濕，分隔我們和鄰居的那堵牆，常有水珠滲出，即使在冬天也是如此，到多雨的夏季，無論太陽多猛烈也沒法把那水份曬乾。我的兒子就在這裡出生。才幾個月大，他就出起濕疹來，整個頭皮都長滿黃色的硬屑。我不知道這到底是天氣太熱，還是他對奶粉敏感的後果，起初長在臉上，然後一直往上蔓延，直至頭上有如戴上一頂黃色的頭盔。鎮裡的醫生對此束手無策，竟建議我們塗些燙油在頭皮上，然後把那頭皮屑剝下來。

但情況沒有好轉，醫生只怪責做母親的沒有做好本份。嬰兒的皮膚太幼嫩，即使塗上了油，仍不可能把頭屑撕下來而不會連頭上的皮膚也一塊兒扯脫。我們的確下不了手。過了三個星期，美芸決定自行想辦法。她帶了孩子到醫院去看專科醫生。醫生說：「這是初生嬰兒常見的毛病，在他四十歲時可能會復發。這裡有含鋅的藥膏，可以在二十四小時內便將頭屑去掉。下星期再來覆診吧。」

孩子的頭屑果然一下子便去掉，重現嬰兒應有的幼嫩肌膚。我們在一部普通的兒科醫學辭典中找到這種藥膏的介紹，用法和療效一如醫生所言。鎮裡的醫生對我們繞過他自行尋醫弄藥十分憤怒，並設法阻止美芸在生第二胎時住進生頭胎的同一家醫院的私家病房。他說醫院病房短缺，只應服務初為人母者，第二胎應在家裡生產。

但我們發現，只要在免費國民醫療計劃的資助外再自行付錢，便可以住進私家病房，我們毫不猶豫便安排了一張私家病床。後來醫院裡的護士告訴我們，那醫生曾設法取消我們的床位，可見他的確做了許多小動作，才弄致我們的床位之爭「街知巷聞」。事實上，如果我們不是自掏腰包，那床位將會空着無人使用。那醫生為甚麼對我們諸多阻撓，原因不言而喻了。

雖然政府政策難讓我們轉移醫療登記，幸而得到一位好心的醫生接收，並且與先前那位可惡的醫生交涉，將我們的醫療紀錄拿過來。那位醫生的行徑確令我們忍無可忍，我們後來才知道，其實可以向醫務委員會投訴他。

我和岳母的關係雖然有所改善，但妻子源自童年的精神創傷仍遠未復原。她父親在她十二歲時便去世，由母親獨力帶大四個孩子，最小的只有八歲，最大的哥哥也十八歲不到。岳母隻身在外國，對當地語言和文化一無所知，與社會完全隔膜。又因沒有工作技能，只能靠僅餘的積蓄度日。這些困難的日子，令她性情孤僻，固執己見。

美芸曾向我道出當時的苦況：「母親會突然一言不發便大發脾氣，高聲責罵，甚至詛咒我們。我們以前犯過的錯，她都記得一清二楚，我沒有做過的事，她也算在我的頭上。我們還未進家門，把鑰匙插進匙孔裡便已經感覺到裡面那種繃緊的氣氛。」

最令美芸難受的是，她被指斥應為父親的死負責，是她害死父親，令家庭陷入困境。有時母親怒火中燒，還會向她的腦袋來一巴掌。對十二歲的女孩來說，這無疑是一種沉重的負擔和壓力。往後十數年間，她晚上常做噩夢，即使在我們婚後初期仍是如此。

有一次學校舉行為期兩週的郊外宿營，出發那天早上她焦急地等着天未亮便到魚類批發市場幹活的父親回家，希望和他抱一下說聲再見。但老師提醒過她們，校車準時出發，遲到的同學要自行留在學校裡。她面對兩難的選擇，因這是她頭一趟獨自離家，她很想和父親擁抱說再見，但若再不出門，她便會遲到。

到了最後關頭，她決定出門，因為再遲些，她也無須跟父親道別了。她不理母親阻撓，抱着衣箱毅然出發，一溜煙似的跑回學校。短短的一哩路程，有如走了十哩。喘着氣回到學校，校車已大部分開出或準備起程，只有一輛的車門仍開着。

她僅趕及上車，但仍招來老師指摘：「大家都很守時，都準備好出發了，那麼，你就要自己坐在空班房裡，你不覺得慚愧嗎？」

不到一星期後，美芸的父親在半夜因腦中風去世。

美芸愛上學。四歲那年，她看見兄姊每天上學，便懇求父母讓她入學讀書，結果在一九三九年她五歲生日之前，學校取錄了她。幾星期後，第二次世界大戰爆發，在母親心目中，美芸又多了一項罪名——是她嚷着要上學，為家裡帶來噩運。

我與孩子頭一次度假，是在非假日入住一家度假營。這種度假營一般設在沿海地區，由多座小型木屋組成，屋內只有一個房間和簡單的煮食爐具。因為我們是在非旺季入住，沒有人安排唱遊活動，倒樂得清靜。可供一提，或不消提的是，美芸弄傷了背部，隨後整個星期都痛得彎着背，醫生建議她非臥床靜養不可。

但孩子哪能讓你靜下來？臥床只能偶一為之。美芸的母親本來可幫幫忙，但顯然並不是理想的人選。我們只好自己照顧自己，我也順理成章成為模範丈夫。我的表妹來英國讀一年師訓課程，回港前來探望我們，對我的表現有這樣的評語：「你母親一定不會相信這一切！以前你在家裡只是衣來伸手，飯來張口，現在你卻能燒一頓美味的飯菜，甚至洗熨和照顧小孩！」

我發覺打理房子、籌劃一日三餐和上街買菜是頂考工夫的事。美芸自幼便要負擔家務，對家裡的瑣事已經十分厭倦，覺得總是沒完沒了，單調沉悶。現在她不願再為家務操勞，而我則喜歡把家裡打理得井井有條。美芸說這樣子太沒有「人氣」，像沒有人住在裡面似的。經過一段日子的互相調節，美芸變得更愛整潔，而我也沒有那麼吹毛求疵。

美芸的背患延續了好幾年，有的醫生要她靜養幾個月，有的醫生要她多運動。她的母親則認為她只是裝模作樣，找藉口避過每星期天去見母親一面。美芸雖然盡量小心，但難免操勞過度，有時我回到家裡，只見她躺在床上，痛得眼淚直冒。

那些年頭我也學會了凡事自己動手。二次大戰以後，人力資源短缺，英國人都習慣了「自己動手」（DIY）。

我還學會了自己砌磚牆，雖然砌得很不專業。為了增加我們的私隱，我在房子和隔鄰之間砌了一道六呎高的磚牆，但這道牆有點凹凸不平，而且成弧形。

後來經濟環境好轉，我們買了一幢半獨立的兩層平房。房子對面是個農倉，還有一個馬房，與住宅區顯得格格不入，但說明這裡以前是一片農牧之地。有人騎着馬在馬房裡出出入入，對我們家裡的小孩卻很有吸引力，他們總是倚在窗前，看馬兒來來去去。

屋裡的牆紙是我糊上去的，所有的修修補補也是我的傑作。如果有甚麼不懂，就到圖書館去翻書。這幾年我學來的工藝，對我建設日後的幾個家園很有用處。

我最感自豪的，是在夏洛（標準電訊實驗所的所在地）我們家的花園周圍建一條小徑。那個夏天我花了好幾個晚上，工作到天色微明，才把路鋪好。大功告成，所有辛勞都是值得的，很有滿足感。不知那小徑如今是否仍在那裡。

移居美國後，我們對露營的興致並無稍減，我買了一個附有地蓆的大型帳幕，比當日我們簡陋的營帳風光多了。在這帳幕裡，我甚至可以挺腰直立。我也擁有一部四門轎車，車頂有行李架，可以裝上營幕和一干用品到處駐紮。第二年，我們又舉家到歐洲度假。我計劃最遠去到瑞士，觀賞阿爾卑斯山。我頭一次看到給白雪覆蓋的高山，那景象直令人透不過氣來。天空一片蔚藍，空氣帶着草木的芳香。不過，與德國和意大利遊客的帳幕相比，我們的裝備仍大為失色。他們的帳幕有兩個房間那麼大，前面是用拉鍊開合的幕門，不但有遮篷遮擋太陽，還有窗簾子。營地有冷熱水浴和洗手間設施，又有自來水供應，與我們在英國只能在農地上野營，不可同日而語。

自以為已十分風光的我們，只能算是個窮措大，睡的是睡袋，用的是酒精爐，吃東西時只能席地而坐。但我們不介意，這是我們年輕歲月的可貴經驗。

我們穿過阿爾卑斯，經新朗走廊赴意大利。途中經過我們首次親歷的冰川。

我們在破曉時分到達威尼斯，是早上七點左右，遊人稀少。隨後幾天卻不停下雨，在雨中露營滋味不好受，我們遂離開威尼斯，向西轉往熱拿亞，終於在那兒的海邊紮營。這是意大利之行的最後一站，是回家的時候了。

兒子在英國的夏洛準備入讀小學時，我的雙親才首度與他們的媳婦見面。一九五三年盛夏，我乘船離港赴英，直到六十年代中我才第一次回香港的家。這些日子以來，香港發生了巨大的變化。

由於大量難民由政治動盪的內地湧入，香港的人口劇增，並帶來住屋短缺等連串社會問題。我的父母住在有不少上海人聚居、有「小上海」之稱的北角。他們家在一樓，與繁囂的英皇道僅數步之遙。他們的浴室全放滿了書，水龍頭關得緊緊的，沒法發揮它正常的用途。我們只能等鄰近一位醫生朋友關門停診後，帶小孩們到他的診所，借用他的浴室洗澡。

當年冷氣機仍是奢侈品，大家都要忍受在悶熱的房間裡睡覺。久居英倫的媳婦，對香港的文化完全陌生，小孩對到公園遊玩視為畏途，因為那裡的小童用他們聽不懂的語言嘰嘰喳喳。我們還要疲於應酬眾多親朋戚友，讓父母在無數的筵席間炫耀他們的「新抱」，和那個終於回頭的「浪子」。

我帶着內疚暫別家人，到日本去與當地的電訊同道建立聯繫，以及宣傳我的新意念。我為此一直耿耿於懷，直至三個星期之後與他們回到自己的家。

對我手頭上的研究計劃，我無時無刻不記掛於心，深信新的發現將對業界產生深遠的影響。即使晚上離開實驗所回到家裡，怎樣提高玻璃的透明度，用甚麼方法進行實驗，如何運用複雜的數學運算證明我的理論，始終縈繞腦際，不論醒着還是在睡夢中，種種問題仍揮之不去。很多時，午夜夢迴，新的想法一閃現，我就霍然而起，急不及待要告訴睡得昏昏沉沉的美芸。

她會在矇矓中說：「趁你還記得，你就把它們寫下來吧。」

美芸在大學時接觸過有關的物理理論，理所當然成為我第一個傾訴對象。跟她解說，有助我清理思路，並運用不那麼技術性的方法解釋我的意念。有時她會指出一兩個關鍵的問題，是我從未想過的。當時她正在電腦部門，負責編寫軟件程式，解決我們交付過去的數學方程式。當日我們用的是Fortran程式語言，她盡在貝索函數（Bessel functions）中打滾。在大學的數學課中，她給這種程式弄得頭昏腦脹，只是一知半解。

但她終於整理出一連串公式，讓電腦計算出接近我們要求的答案。許多公式當時仍沒有統一的標準，我們都是由基本做起。回家後，她也像我一樣，腦裡纏繞着無數數學程式問題。在演算中也難免會出錯，我們稱之為

bugs（現在電腦界仍聞之色變的「蟲」——程式錯誤），要將這些「蟲」逐一捉出來。

在實驗所購置第一台IBM電腦之前，我們用的是閥孔電腦。這種電腦用的語言叫Assembler，類近機械語言。指令不是打在紙咭上再轉而輸入IBM電腦，而是打在穿孔紙帶上。我們拿着紙帶背着光，閱讀紙孔上的指令。但在鍵入過程中難保不會有錯誤，美芸要拿着一卷卷的紙帶回家，查看有沒有打字錯誤，令程式不能正確運作。

這些紙帶成為孩子們的小玩意。美芸如果要在實驗所加班熬夜，有時會帶着孩子在身邊。他們愛翻倒廢紙簍，找出紙帶來玩耍。他們把紙帶撕成紙絮，總之愈弄得一團糟愈好。他們幼年這樣子與電腦打上交道，也許培養出日後向這方面發展的興趣也說不定。

後來用上IBM電腦，轉而用紙張打印出一頁頁Fortran程式語言，美芸同樣要在這些打印紙堆中吹毛求疵，找出那些可惡的「蟲」，然後讓孩子們拿打印紙去作畫紙在上面塗鴉。

我們可說是合作無間的一對夫妻檔，在公事上，也在家事上。每當我要工作到晚上，美芸就會帶着本已睡意沉沉的孩子們到街上散步。英國的夏天，太陽下得很晚，到夜裡九點才緩緩天黑。由實驗所開車回家只需十五分鐘左右，美芸哄孩子，要他們猜下一輛經過的車可就是父親的；又或者，看誰最快見到父親的車子。有時果然給他們看到我在馬路的盡頭出現，但更多時候，我回到家裡時孩子們早已睡去。

到我哄美芸說：「工作太緊湊了，很難半路中途回家。總有一天，我們的奇妙發明會震驚世界，到時我就會出名了。」其實，對自己的研究會不會成功，我也只是半信半疑。

一九六九年，我隨ITT的商務代表團訪問俄羅斯。當時仍是冷戰高峰期，我和同事們都認為有必要加倍謹慎，我在房間東翻西揭，看看有沒有收藏偷聽器。有一次我和三位同事坐車外出，半路警察截停車子，與司機嘀咕些甚麼，我們四人見勢色不對，趕忙溜出車外，混入人群中去。

俄羅斯之旅其實是ITT的一項公關活動。旅程的商業目的，是訪問郵電系統，看ITT有甚麼產品適合他們的需要。電訊部突然要我向他們的高層人員作一次有關環形波導管的演説。他們介紹我時，説我是環形波導管的新進專家。

在開放初期，ITT也到過中國訪問。主人也是熱情的，我們參加了無數飲宴，席上頻頻被勸「乾杯」。那些酒，酒精濃度極高，其中表表者，當然是茅台。後來我學聰明了，説要戒絕酒精飲料，那才不致出醜。著名的北京烤鴨倒是我的至愛。但一位同事最怕吃鴨子，他要空着肚子，直到回國才開懷大嚼一頓。

商務旅行其實徒有旅行之名，實則是挺勞累的工作。晚上回到酒店房間，我們做的第一件事就是倒頭便睡。

隨着世界愈來愈開放，我們外遊的機會也愈來愈多。我在埋首研究光纖通訊之餘，也希望盡量將有關的信息宣揚開去。當然，這樣做也幫助我們尋求更多的資助，維持實驗所的研究工作。

當時長途飛行仍是新鮮事物，從未遠行的同事，都很羨慕我們這些常在天上飛來飛去的工程師。我到過布魯塞爾的ITT歐洲總部，也到過巴黎的分部。一九六七年我初到美國，往訪新澤西的貝爾實驗所，再北上以色佳，見識過Corning的廠房。

在紐約，林立的摩天大樓令我知道甚麼才是一個大都會。我不時抬頭仰望巨廈，初次嘗到頸酸背痛的滋味。我在可以眺望城西的青年會宿舍住了一晚，也許是美國警匪片看得太多，住得有些提心吊膽。後來到美國次數多得難以數算，才算習慣下來，而且因為職位日高，住進了星級酒店。再下來就是定居美國，卜居康納迪格州，對鄰近的紐約市變成識途老馬。

定居在一個地方，與到這個地方作短暫旅遊，感覺很不一樣。旅客對所到之處都感到新奇有趣，所遇之人也覺得特別友善。到定居下來，新鮮感很快便淡退，回到日常的工作和家庭生活，日子都彷彿在平淡中度過。

遷居維珍尼亞後，卻開始感受到美國的民族分化問題。非裔美籍和歐裔美籍國民的文化習尚都互相迴異。但歐裔人雖來自不同的國家，彼此的文化倒十分相近。

我們是另一族類——亞洲人，也常受到言詞上的攻擊。孩子們很受困擾，我對這些行為也看不過眼，美芸在英國長大，卻見怪不怪，她教孩子逆來順受，但不是忍辱偷生，而對那些沒有教養的人展現憐憫的微笑，讓他們自討沒趣，甚至感化他們。

那時我們一家人都富於旅遊經驗。在香港中文大學任教的四年間，我算是從英國招聘過來的，每年夏天都可以領有薪假期舉家回英國「度假」。那是我「充電」的好機會，讓我不致與科技的發展脱節，還可以與以前的同事一起從事研究。

我們以前家裡有位家務幫工是來自奧地利維也納的，我們與她一直保持聯絡。返英期間，我們會到維也納去探訪她。在陌生地方有熟人實在最好不過，我們可以去一些只有熟悉當地環境的人會去的景點。

有一年夏天我們由香港往倫敦再往羅馬。在火車站外有人給我們介紹附近的一家酒店，但這卻是家「跳蚤酒店」，床鋪都陷下去，美芸的背有毛病，最後只能睡在地上。以後我們學會了不輕信街上兜售任何東西的人。日後再訪羅馬，就是去領馬可尼獎，我和美芸的身份已不同，所受的待遇也自然不同了。

另一年我們到希臘旅遊，在雅典的衛城上度過了難忘的時光。我們外遊都不會參加香港人謔稱「鴨子團」的集體旅行團，是自己安排行程和住宿。但這樣做當然比較麻煩和得碰點運氣。由雅典衛城下來，我們又到火車站附近觀光諮詢處請他們介紹住宿，因為諮詢處是受國家資助的，相信不會欺騙我們。不料又是一個陷阱。

事實果然，我仍記得那酒店的名稱：Hotel Christobel。

幸運的是，在旅途上和日常生活中，我們總會遇上好心和善良的人。我在香港中文大學任教初期，校方暫時安排我住在現已改建成私人住宅的沙田酒店。有一天晚上，一家人到大圍一家飯店吃飯，結賬時才驚覺沒帶錢包，我向飯店主人說，把家人留下來當「人質」，我回家取錢包，主人卻大方說：「不用了，你明天回來結賬不遲。」

在中大電子系的教學合約完結後，我回到ITT，但調到美國去。因為光學及光纖通訊國際研討會那年將在日本京都舉行，我們一家人由香港迂迴取道日本，然後是三藩市、洛杉磯、侯斯頓、紐約，再到維珍尼亞的羅安那克，即ITT的所在地。

如果我不是那麼擔心經濟環境，我就會接受叔父的建議，在離開香港前買一幢房子，讓他代為看管。又或者接受洛杉磯一位朋友的建議，在當地置業，讓他當房產經紀的妻子管理。要是這樣，那以後兩地的地產都升值到天文數字，我們今天就會多了好幾百萬元的進賬。

美芸計算過，一年之中，有百分之四十時間我是「在路上」度過的。

在一九八五年，我是百分百的在路上。女兒在AT&T找到第一份工作，在新澤西上班，偶爾在週末開兩小時車回家探望雙親。兒子的工作地點離家很近，他願意在畢業後回家居住。我可以安心追尋自己的夢想，尤其是當上科學行政總裁後，ITT給我很大的自由。我要求加入德國史圖加特的SEL實驗所工作，為期一年。

在德國住下來，便發覺德國人極端守時，也一成不變的嚴守各種規則。比方說，車輛若泊在路上，必須與房子距離至少三呎，這是為了方便行人，讓他們不用繞過車子才能前進。我初搬到新居，鄰居便立即有人跑出來，我還以為他來歡迎新鄰舍，不料他二話不說，便冷冰冰的下命令：「快將車開後點！」接着他用手比劃出適當的闊度，便頭也不回的返回屋裡。

火車班次不消說也是十分準時的。由德國跨越邊界到了意大利，不知怎的火車就會開得愈來愈慢，經常誤點。奇怪的是，同一輛火車一回到德國，就會自然而然的把失去的時間追回來，到站離站分秒不差。

慶幸在德國不算住得太久。在離開德國一年左右，當地便發生嚴峻的種族衝突，有人將燃燒彈丟進外來移民的家裡。

美芸在英國已習慣了種族歧視，我倒未遇上這樣的問題。但有一次美芸外出購物，路上有兩個德國人，一個年老的，另一個是青年，他們在花槽前掘地。年輕人看見美芸，喊出一連串不雅的德文，又將泥土潑在她的腳邊。美芸一邊前行一邊消化剛才聽到的說話，那才深感受到侮辱，將她認識的德文在腦裡整理一會，便轉過身去對那年輕人說：「Was fur eine Mutter haben sie? So schlecht ein son hat sie！」（你沒有親娘的嗎？你這孩子真粗野。）

她的德文不靈光，但顯然讓對方明白她在說甚麼。年輕人站起來，做出一個挑釁的手勢，倒是給老人拉下去，再沒有另生事端。

外貌不同，不應將人類分隔。人與人之間的糾紛，有時是出於無知，有時是受了上一代的偏見所影響。如另一次，美芸單獨從外地返回紐約甘迺迪機場。因為有幾班大型客機同時降落，入境大堂裡擠滿了人，跟在美芸後面的是幾個衣着光鮮，看來很有教養的英國商人，一個似是主管，另兩人是他的下屬。遠處入境櫃台前是一個印度家庭，嬰兒哭哭啼啼，男的正一頭煙地了解入境的必須手續。

三人中的主管人物説：「看那些猴子，好像快要爬樹的樣子。回到你們祖家的樹上去吧。美國人真蠢，為甚麼要讓這樣子的人入境，送他們回去吧，要麼開槍把他們轟掉算了……」

美芸把這些話一一聽進耳裡，忍無可忍，況且這些人也是從外國來的遊客。她回頭説：「我就在各位前面，不能對你們充滿種族偏見的話充耳不聞。如果在你們自己的家裡，你們説甚麼都可以，但這裡是公眾地方，你們最好閉嘴。」

那主管立即不敢作聲，他的下屬紅着臉表示歉意。幾人默不作聲，過了一會才又低聲咿咿哦哦起來。

在殖民地香港住了四年，回到美國後，美芸就由一個怕事的家庭主婦，變成敢作敢為的正義代言人。

有一次她在超級市場買東西，有人粗聲粗氣的對她說：「你骯髒的手摸過別人會吃進肚子的食物，你們這些人最應遣返船上，看你的髒手，滿是細菌。」

美國俚語稱脖子曬得紅紅的南部既窮苦又無教養的白種工人為redneck（紅脖子），來自亞洲的新移民英語不靈光，面對紅脖子的侮辱往往啞口無言，美芸仗義執言，算是為他們出一口氣。她看看手上的煙肉包裝，上面明明寫着歡迎翻起包裝的活動摺口，查看裡面煙肉的好壞。

她說：「你不識字的嗎？也許你在學校裡沒有學過認字，那我現在告訴你，包裝上標明可以翻開摺口的。而且你也有眼睛的，可見到煙肉都是用塑料袋包着的？我骯髒的手不會沾污裡面的東西。真可憐啦你，沒有上學讀過書！」

紅脖子的臉由紅變黑，他的妻子趕忙把他拉開，美芸卻鍥而不捨，追上去毫不留情的慷慨陳辭。陪母親一起到超市的女兒說，她娘將那可憐的漢子盡情踐踏，差點兒沒將他踩成泥巴。

「我這算是為飽受屈辱的越南船民報了仇。」美芸說。

我很為美芸感到驕傲，但我也慶幸她的醒覺來得不算太早，否則她一定會有自己的發展路向，遠走高飛，非我所能企及了。

我從學術界回到羅安那克當工程師時，光纖技術的進展可說一日千里，我以光纖用於現實生活的夢想得以實現，雖然那是經過十年以後的事。再過十年，光纖才普及，在全球各地普遍應用，又過十年，光纖才改變了通訊的方式。

不知不覺間，我見識漸廣，經驗漸富，竟也扮演起導師和領導者的角色來。一次會議完畢後，同人聚餐聯歡，和同桌的老朋友和同事談得興起，卻奇怪年輕人們為甚麼不盡情享受樂隊的美妙音樂，聞歌起舞。一位同事暗地裡對我說：「大家都在等你，你就起來帶頭跳支舞吧。」

生活總是向前的。孩子們長大了，都離家獨立謀生。我和美芸在世界不同的角落定居、工作，不時開展生命中新的一頁。我學會了嚴於律己，深知我已是年長的一輩，得準備隨時向年輕人提供我一得之見。這不是一件容易的工作。顧慮周全、善與人處、忍耐、體諒和寬容，都是我做好本份的必要條件。

10 — 中大憶往

◆ 右上：由校長府花園外望中大校園。攝於1988年。

右下：兩位姨子來訪。左一為與我同住的父親。1991年攝於大學校長府花園。

左：與前中大員工的家庭戶外活動。照片中的Melody是與我長期合作、忠誠可靠的助手。離開中大後，有不少研究計劃仍由她替我跟進。攝於1999年，香港黃金海岸。

三十年時間會令許多事情改變，但也有許多事情還是老樣子。廿一世紀的今天，蚊子叮人跟三十年前一樣狠。在小型穿梭巴士站上等車的十來分鐘，我已經給蚊子叮了幾口。我將乘坐的小巴，會載我們由火車站到山上的一號宿舍去。一號宿舍是中大的教職員宿舍。

中大於一九六三年由一群高瞻遠矚的教育家創立，由三家書院組成，但行政各自獨立，也有自己的圖書館和學生註冊處，對中央化嚴予抗拒。今日，種種新設施為中大帶來新氣象。一九七〇年代期間我與家人住了兩年的一號宿舍仍然在半山屹立。當年那是一幢簇新的六層建築物，是中大第一座教職員宿舍，起得很有氣派。我用手遮住陽光往那邊望去，發覺房子已顯得有點破落。外牆受風吹雨打，已然褪色，也許受酸雨的侵蝕，還生起了黑斑。我在一九七四年離開中大，當時以為不會再回來。雙親在一九六七年移民到英國與我同住，在香港已無牽掛。未幾我卻放下他們，到香港中大任教。本打算只教兩年，但兩年後又加了兩年。雖然每年暑假我都回英國探望他們，但對他們來說，相聚的日子總是太短。我拿定主意，在香港我只是個過客。

不料在毫無準備的情況下，我又由英國移居北美。如果我拒絕這突如其來的機會，現在會變成一個怎樣的我，實在無從逆料。

父親當年獨個兒打點一切，參扶老伴飛渡遠洋來到英國我的家門，實在不可思議。他們已六十五六歲，雖然比現在的我年輕，但似乎比我在同一年齡時老邁得多。他們過了多年半退休生活，終於決定完全放下身邊事務，來英國與我們同住。

因時差關係，加以久疏一群小毛頭在屋子裡嘩叫蹦跳的環境，父親大感暈頭轉向。這天他看着孩子開懷玩耍，一時忘形，一下子跌坐地上。這是他來到我家頭一星期的事。美芸見情況不妙，電召救護車送院治理。

老人家呼號呻吟，彷彿隨時挺不下去的樣子。這我才發覺父親的忍痛能力原來極低，針刺一下也叫得地動山搖。

在醫院裡他自然不是個好病人，整晚輾轉呻吟，弄得同房病人不得好睡。父親把自己當成皇帝，不停的按電鈴要人侍服他。這令我很尷尬，當其他病人向我投訴時，只好忙不迭的道歉。幾天後，他身上打着石膏回到家裡。

父親花了六個星期才康復，母親把一切看在眼裡，說最好還是與父親遷出另覓居所。她察覺到兩老的加入，給家裡帶來一定的壓力。我們的幫傭史密斯太太每天只來工作數小時，主要是看顧小孩，其他工作都落到美芸身上，有甚麼事情母親不能一下子找到援手。

遠在雙親來英前，明淇六歲時，美芸回到研究實驗所與我一道工作。不過只是兼職上班半天，好讓下午回家打理孩子和家務。美芸負責的是編寫程式，幫我們這些工程師運算七葷八素的數學難題。為讓美芸安心上班，我們得僱用一位能幹的幫傭。

我們找上一家專門介紹歐陸女傭的代理。女傭大都是來自歐陸良好家庭的女孩，希望來英國找個家庭住上一年半載，以便學好英語。她們會做點輕可的清理工作，看顧小孩，和打點一下日常起居。接待她的家庭會給她一點零用，並安排時間讓她上課，以及負擔她的學費。

我們請的第一位幫傭法蘭斯娃來自法國，是家中獨女，這一點本來早應有人告訴我們，我們知道時已太遲了。她連燒水也不懂，我們照顧她還多於她照顧我們。她有個男朋友在法國海軍服役，我們若到法國，倒敢情會安全吧。

有一次，她差點兒在購物中心丟失了三歲的明漳。而明漳以為給遺棄了，號啕大哭。好心的店員只好把他送到警局。幸好沒有意外發生，法蘭斯娃很抱歉後悔，説學乖了，以後再不會有同類的事發生。我們很懷疑。

一天，她的男友來探望她，說太晚了回不了軍營，要求借宿一宵，就睡在梳化上。半夜裡美芸把我推醒，說一直沒有合眼，留神聽着那年輕人甚麼時候下樓。

我建議美芸去看個究竟，做她應該做的事。於是美芸起床，跑過去敲了敲法蘭斯娃的門，然後打開一條縫，但已足以看到兩人在床上蒙頭大睡，她高聲說：「年輕人，我相信是時候到樓下睡梳化了！」

第二天早上我們便把法蘭斯娃辭退，請她帶着行李跟男友一道離去。她在我們家裡才三個月。

我們再去找薦人公司，這次倒學乖了，懂得仔細挑選。結果，來自奧地利的特勞蒂加入我們的家庭。她懂事得多，不過她說明漳是個淚包，不像個男孩。她在我家做了十八個月左右，不久大家都熟絡了。她對歌德和羅素很有研究，和她討論哲學問題是一大樂事。特勞蒂成為我們的一份子，像我們的女兒。返回奧地利後她結了婚，可惜沒有兒女。我們保持聯絡，此後三十年我們去探望過她好幾次。

家務幫傭一般最長只做兩年，剛熟悉事務便差不多要離去，對我們來說不是辦法。為了解決長遠的問題，我們登廣告招聘，結果聘請了史密斯太太。她是位四十來歲的中年婦女，人很溫和，做事爽快，看不出她的孫子原來已和我們的孩子差不多年紀。我的父母來英定居時，史密斯太太已經熟悉了我們家裡的一切，是她幫助兩老適應本地的生活。一九七〇年我加入香港中文大學電子系時，她答應每星期抽三個早上去照顧兩位老人家，並向我報告他們的一切。美芸的朋友莎莉也不時去看望他們，盛情可感。

我們住進中大的宿舍後，美芸和明淇每天早上七時便由一號宿舍下山，到崇基書院院長住所前的出口，等候校車來接她上學。三十年前，那是中大唯一的車路出口。一眾小孩揹着沉重的書包，清早便聚集到出口前等候。小孩的家長會輪流當值，在路途上看顧莘莘學子。因為各人「品流複雜」，來自西方家庭的小孩活躍好動，東方小孩則純如羔羊，生怕行差踏錯，非有人居中調節不行。

一天早上到美芸當值，她衝着一名小孩說：「你，快回到隊尾去。」身邊有小孩輕聲對她說：「他是院長的兒子，總是要第一個上車的。」

美芸對此毫不在意，那些日子她正忙於發掘她的權利，而且不忘為殖民地香港受踐踏的一群出頭。她最痛恨不公平。

校車的路線十分磨人。因為各人就讀的學校分散在九龍各區，又各有不同的上課時間，行車路線迂迴曲折，對小孩來說簡直是噩夢。

上學時，明淇最後一個下車，但放學時，又是第一個上車。她要在車裡困上一個小時有多，那些日子校車沒有空氣調節，回到家裡，她又熱又累，變得很煩躁。到她九歲，我才放心讓她跟幾位同校、年紀稍長的同學一塊兒乘火車上學。不過我們還是有點擔憂。當時火車每小時才有一班由中大站開出，乘客總是擠得緊。

登上開往第一號宿舍的校園小巴後，我再搜索腦海深處的記憶，我依稀記得當時自己的模樣——一個外表年輕的學者，像個剛從學校畢業的學生，多於一個學系的主任。

一九七〇年，我從英國的實驗所請了長假，讓孩子嘗試過東方式的生活。美芸在英國長大，我們都深明孩子如果沒有接觸過他們的文化根源，必會面對身份認同的問題。

向公司請過停薪留職的長假後，一心只想着兩年後我們就會回到這埃塞克斯郡的小鎮夏洛來，重拾往日的生活。兩年的合約結果變成四年，我們也再沒有回英國居住。

雙親在夏洛一幢六層大廈的四樓租住了一個小單位，離我家僅兩哩之遙。商店、圖書館、郵局和其他設施，都在他們步行可及的範圍。可是母親有空曠恐懼症，害怕到人少空曠的地方，也易暈車，因此很少外出。

一九七四年我由香港轉赴美國時，他們在英國已安頓下來，生活如常。父親與當地的中國人社會聯繫上，間或前往倫敦見見老朋友。他也寄情吟詩作文，有一部記事簿，上面寫滿了各種重要事項。小單位裡，藏滿了舊雜誌和報章，他說，以備不時之需。

一九七六年母親患上癌症，只多活了六個月。雖然痛楚日甚，她也沒有哼半句。她就在父親當日跌傷入住的那家醫院去世。

史密斯太太繼續看顧父親。一直以來都是母親把他看管得牢牢的，母親不在，他更放膽做他要做的事。史密斯太太向我投訴，父親不准她清理那些堆堆疊疊的報刊和載滿各色物品的紙袋。他不換衣服，即使一星期洗一次澡也不肯。我原本請了一名護士每星期給他洗澡一次，我離英後，他立即取消了這個服務。我們每次去探望他，都發覺房子愈來愈髒愈亂。美芸每次返英，都不顧一切盡量給他清理一下，但對父親的無理取鬧，她也忍受不了。

一九八七年我意外地獲委任為中大第三任校長不久，便將父親接回香港與我同住。這一步走得並不簡單。我們的時間，僅夠給他收拾細軟，讓他只帶一個小行李箱隻身飛回香港。

「我們在香港甚麼報章都有……當然還有那些雜誌，這些舊的沒用了，丟掉吧。這些紙袋也沒用了，遲些還有許多寶貝等着你收集呢！」美芸連哄帶騙，把一堆堆廢紙抱到樓下丟到最大的垃圾箱去。電梯不知怎的失靈，她要跑四層樓到樓下去。可惜的是，我沒法安置那些漂亮的中國傳統刺繡裙褂。母親太瘦小了，她的衣服誰都不合穿。十數年來父親一直給母親好好保存的衣服，不無遺憾地要以垃圾箱為歸宿。

我翻遍父親的衣物，發覺其實都已不合身。「你需要放進行李箱的，就是這些內衣褲和兩件襯衣，我們在香港會給你全換上新的，剩下的空間，你喜歡放甚麼便放甚麼。」

我沒有耐性讓父親按他的老習慣，把即使是無用的舊物都端詳一番。搬過家好幾次，我學會了除舊更新，一切從新開始。這是個痛苦的過程，但很管用，也不得不如此。

一九八七年聖誕前父親飛抵香港，我正忙於適應新的職務。他的行李箱結果還是塞滿了舊墨水筆和鉛筆，殘舊的衣物和破鞋子，還有他的寶貝記事簿和日記，以及美芸稱之為垃圾的零星物件。

母親一九七六年去世時，我離開任教四年的中大已兩年。辦妥母親的身後事，父親來美國羅安那克跟我住了幾個星期，又到首都華盛頓和弟弟住了一會。嘗試過當地的生活方式後，他決定還是回到自己的家。他這七十多歲的老人，依然壯健，頭腦靈活，雖然滿腦子是維多利亞時代的思想。回到英國後他繼續過他獨立的生活，健康雖時好時壞，但都不是大問題。到了八十多歲，還是像條老牛。也許因為我身任高職令他覺得與有榮焉，才願意放棄獨居，來與我一起生活。以後幾年，我們要面對的是他的固執，和日漸衰退的身體狀況。他在家裡要絕對自主，那倒是始終不改的。

今天我由山下只消步行十五分鐘，便可以走到第一號宿舍。位於更高，差不多在山的另一邊的醫療中心。我比約定的時間早來了，在等車時閒着，也就讓回憶脱韁一會，想起往事前塵來。

我乘火車來大學，為的是看醫生。作為大學的退休人員，我仍保留享用校內醫療設施的福利。

一九五三年離開香港時，我仍是個乳臭未乾的十九歲小子，那已是半個世紀以前的事。在外國接受進一步教育並建立自己的事業，令我變成半個英國人，對居留國的習尚也完全投入。由租住一家房子，到靠銀行按揭，在倫敦東北邊緣的夏洛擁有自己的一幢花園大屋。有妻子和兩個兒女，生活美滿。雙親又移民來英，雖然我離開他們兩年又兩年，十數年後父親終來與我們團聚，只是母親等不到這一天，先自辭世。回顧這些日子，恍如一瞬。

一九七〇年我們一家四口拖着行李來到香港時，中大校園到處都是建築地盤，看起來牛山濯濯。課室分佈在校園外面的不同地點。香港開埠之後便已建成的鐵路，把當時位處遠郊的中大和市區聯繫起來。我們新成立的電子系，在香港堅道一幢舊樓暫時棲息。

在我離開香港又回來的十七年間，香港再不是我認識的老香港。美芸完全沒有在亞洲生活過，適應尤其困難。我身處活力十足的同事之間，全情投入工作。對一家人來説，這過渡期過渡得不易。

初來香港，我們先在現已停業的國泰酒店住了三個星期，酒店對面就是聖保祿醫院。也許為了省電，酒店房間的燈光很暗。一家人擠住在一個房間，也有點活受罪的感覺。

兒子在我的母校聖若瑟書院小學讀四年級，女兒則入讀羅便臣道的聖心小學。我們本來打算讓他們入讀英基學校協會屬下的小學（以英語為授課語言，本地人一般稱為國際學校），但校方無情的説沒有空位，而且只收説英語的學生。我們也想孩子學懂廣州話，決定先讓他們試試就讀本地學校。結果有如把他們送進深淵。

明淇年紀較輕，也較合群，很快便交上新朋友，學習愉快。比她大兩歲的哥哥難以適應，變得很情緒化和拒人千里。回想起來，我們應該多花些時間開導他，幫他適應，可當時我們也自顧不暇，把他忽略了。許多年後我們搬家時翻出他的一些舊家課冊，在一篇英文作文裡赫然看見老師用紅筆大書一句：「下課後來見我！」

在文章中明漳說他很憎恨一位老師，並以充滿暴力的細節講述他將怎麼把那老師殺死。

為人父母者沒能及時發覺子女的問題，令我們很難過。幸好當日沒有發生意外，實在應感謝老師善加體諒，代我們開導孩子。

我們在羅便臣道找到一個單位，得以從酒店脱身。住在羅便臣道的一個好處是鄰近植物公園，我們都懷念倫敦的廣闊空間和公園，植物公園給我們的生活增添了綠意。我在堅道的辦公室，步行可及，女兒上學也一樣。我當時留着長髮，腳上穿着涼鞋，看來很年輕，她的同學還以為我是她的兄長。羅便臣道的行人路很窄，人多車擠，遛狗的人讓狗隻隨意方便，卻不加清理，一下不慎，誤中「地雷」，鞋子便報銷。這情況現在似乎沒有多大改善，《南華早報》讀者來函版的投訴信看來不必怎麼更換。

在羅便臣道美芸也嘗試與我們第一位女傭相處。通常是僱主挑選傭工，但這次其實是傭工挑選她。美芸因為本地話不靈光，又不知道請人和開除人的手續，經傭工介紹所安排，阿珍來到我家。她像孵蛋的母雞那樣，把一個家打理得妥妥貼貼。她在最小的兒子才幾個月大便守寡，獨力帶大七個子女。她就住在附近的荷李活道，要求不與我們同住。我們也不習慣讓陌生人二十四小時守在身旁，很樂意讓她在晚飯後便回家。她的幼子才六歲，更需要母親看顧。

請來阿珍是我們的彩數。她也教會我們不少本地的生活方式。比方說，如果我給警察記名控告違例泊車，給他一點「黑錢」便可無事放行。去雜貨店買雞蛋，得把雞蛋在店前吊着的燈泡下照照，看看是否新鮮。美芸也照樣做，雖然她不知道其實要照些甚麼。幸好超級市場在一九七〇年代末期便興起，一切貨品食物包裝整齊。但一般家庭主婦仍喜歡到菜市場買菜，自己動手東挑西揀。

我們給阿珍的第六女兒一點學費，請她教孩子説廣州話。我們的生活，就此漸漸安頓下來。美芸甚至覺得，有信心重拾荒疏了的工作，並加入大東電報局的訊息交換部門。無論是當時還是現在，能説兩種語言仍是一種優勢。尤其是在一九七〇年代初，像美芸説得一口流利地道英語的，大都是來自富裕階層的人，她不必怎麼費勁的，就見識了另一個地方的工作環境。

有一次她問英國人上司：「你為甚麼每個星期發薪要下屬簽收時，都將薪酬表公開來讓大家都看得一清二楚？」

上司笑説：「你可知道，這些人都像個小孩，以為看到別人的秘密就樂透了。」

職工簽署領薪時竊竊私語，其實內心滿不是味兒。

勞資雙方私底下互不尊重，也缺乏了解，這就是殖民地時期的香港。

我們要搬進沙田中大宿舍去，可惜阿珍因為住得遠，不能再和我們在一起。孩子的學業也是急待解決的問題。明漳在華人學校表現不理想，搬到沙田，他更非轉到九龍就讀不可。最好還是兩兄妹讀同一家學校，以便照顧。我們再次向英基學校申請入學。獲得的答案和語氣跟上次一模一樣，但這次我們要力爭到底。

「他們的英語有甚麼問題嗎？那是他們的母語，他們在英國上過學，英語是他們的第一語言。」

香港對誰是以英語為母語的人有一個明顯但令人費解的態度，就是只要是洋臉孔的人，無論英語說得如何差勁，還是勝於能說地道英語的亞洲人。這種想法直至今天仍令我困擾：即使是教育部門仍認為只有洋臉孔的人才能說地道的英語，連美芸也不及格。她曾應徵一家學校的英語輔導教師的職位，一心以為是為社會服務，但面試時不等她開口，校方就説：「對不起，你看來並不適合這個職位。」為甚麼？因為她的外貌不對，就算她的英語水平有多高也不行。

位於畢架山的英基學校堅持要孩子參加英語測試，最後當然無法挑剔試測的結果，只好支支吾吾，無可奈何地讓他們入學。一投入他們曾熟悉的學習環境，孩子倆又生龍活虎起來了。

明淇興高采烈的告訴我：「我們圍着桌子坐，我坐的是優等生位。」

「你怎知道？那上面寫明是第一號桌嗎？」

「不，我們坐的是C桌，但我們知道哪張是優等生桌，哪張是劣等生桌。」

知道她還要教學習緩慢的同學閱讀，我其實有點生氣。學校本來就質疑她的英語能力，現在倒要她當起教師助手來了。她在英國年紀很小便開始閱讀，八歲時已是個十分在行而且永不厭足的讀者。明漳也較以前開朗，不過因為身處英語環境，他們的本地話水平只能寸進。

大學宿舍的建築工程未能準時完成，我們又只好搬到臨時的住所，就是現在已改建的沙田酒店。之後又搬進一名國泰機師的住所住了六個星期，他到英國放長假去。

這過渡期還算不錯。我們常遠足旅行，又到鄰近的大圍嘗試各色飯店和美食。雖然，其間的不快經歷也不足為外人道。最大的收穫還是家庭關係緊密了，這種關係，仍一直維持到現在。

孩子們因為常要轉校，朋友往往流散，要靠父母給予鼓勵和帶領他們參與各種活動。我們教他們打網球、下棋，給他們講故事，在假日帶他們上圖書館。儘管不通泳術，我們也一起跳進中大的泳池，一同學習游泳。我們陪他們溫習功課，督促他們練習鋼琴，帶他們到市區的青年會學烹飪。孩子們也有反叛的時候，比方說在早上七時練習鋼琴時使勁把琴鍵敲個震天價響，以表示他們不喜歡學習這種樂器。明漳老愛騎着單車在禁止單車行走的中大校園斜坡上橫衝直撞，又趁我們不覺，到那些露天熟食檔開懷大嚼，幸而沒有因此而吃壞了肚皮。由同學那兒，他也學會種種罵人的話。不過，這些細節是許多年後我們在閒話間才知悉的。明淇比較活潑，適應能力也較高。她常和同學參加夏令營，有一次還差點給沖出大海。

一九七二年夏末，我們終於搬進一號宿舍。在我等候校園小巴前往看醫生時，瞇着眼睛仍可見這幢六層高的房子仍舊安好。

小巴把我放在一號宿舍舊居對面的行人道旁，我橫過馬路，彷彿回到過去。宿舍門前草地旁的榕樹經過三十年歲月，枝葉愈發茂盛。入口大堂有點昏暗，電梯門也失去了光彩，油漆間有剝落。這門上曾經貼上一張匿名的告示，上面寫着：「請勿在清早彈琴，以免擾人清夢。」

我們規定明漳每天要彈十五分鐘琴才出門上學，他往往拚命敲琴以示抗議。我不大喜歡這種匿名投訴，寧願大家當面商量。當然，我知道這是中國人留有情面的做法，在西方，只要認為自己有理，就不怕找人面對面說個清楚明白。

現在，電梯門上的告示說，診所設於一樓。我轉而拾級上去。我的舊居就在二樓。搬出後的這許多年來，即使在當上校長後，曾路過這建築無數次，但我從沒有再踏足這兒。在登記處登記時，我一下子記不起往日的室內格局，到坐下等候，才慢慢想起這裡應是客廳，但現在已分隔成小小的診症室，怎麼看也看不出怎能容得下一張我們常在上面打乒乓球的長餐桌。偌大的房間也似乎縮小了很多，在一列列檔案櫃後，隱約可見一道用褪色綠布遮掩着的木摺門，摺門之後，應是我擺滿書架與客廳僅一板之隔的書房。

我們將分隔書房和客廳的摺門推到一邊，將三座位梳化挪到書房前，椅背向着客廳。小表演者藏在椅背後，小手套上木偶（應是紙偶才對），伸出椅背上，做各種動作。十位小觀眾和他們的監護人就坐在客廳中看戲。扮演其中一隻小豬的寶蓮在大壞蛋狐狸要吹掉她的小屋時，哭得似模似樣，急得她母親以為她驚得真在掉淚。

那是很久以前的事了，現在我上了年紀，才驚覺與孩子相處的日子原是那麼短暫，他們很快便遠走高飛，一家人親密相處情不可再。

入門處是一條長長的走廊，走廊旁邊是睡房，盡處是洗手間，如果不關上洗手間的門，客人進屋第一眼看到的就是那白色的坐廁。對一般建築設計我素無好感，這樣子的佈局更令人不敢恭維。我步進診症室時，也瞄到了那坐廁，雖然門上釘了一塊牌子，上面寫着：「請把門關上」。

我已記不起睡房的模樣，又或者哪個孩子睡哪個房間。

搬進一號宿舍後我更懷念阿珍。美芸在市區工作，家裡有緊急事情，我便要由附近的辦公室趕回去看個究竟。一個能幹的女傭因此對我十分重要。

我們急於另聘幫傭，辦公室一名雜工給我們介紹了他年邁的阿嬸。不料阿嬸一到，即反客為主，只管抱怨這樣不對，那樣不好。我們的床單太舊，孩子太吵，要洗的衣物太多太髒。我的教訓是：以後再不要請甚麼人的阿嬸。一天颱風襲港，半夜裡強風把一隻窗門打破，像隻出籠猛獸在屋裡咆哮，把孩子嚇得驚叫不已。大雨從破窗湧進，我一邊找點甚麼把窗子封上，一邊忙着找毛巾把地上的水抹乾。阿嬸在房裡倒睡得死死的，第二天起來，說甚麼也聽不到。

「甚麼！那麼多髒毛巾要我洗，還有這亂七八糟的屋子要我清理！」

這也好，美芸大有理由把她開除。

「你現在就給開除了，快收拾東西回家去。我們整晚打仗一樣忙亂，你理也不理，現在還來抱怨！」

我們請下一位幫傭時小心得多。新女傭阿芬跟阿珍一樣好，她的前僱主是大學裡的同事。她跟我們一起，直到一九七四年我離開香港，到美國展開事業上新的一頁。當時我沒想到會有機會回到東方來。

我步進診症室。我的長期醫療顧問在我當上中大校長前不久加入醫療中心，是美芸常看的醫生，但我看的是中心主任。主任退休後，美芸大力推薦我去看她，自此我也安心成為她的「病人」。

「希望你今早還沒有吃早餐吧，」女醫師說，「我要給你抽點血，你有一年多沒驗過血了。」

可是我偏吃了早餐，只好約定明天再來。寒暄過後，我下樓來到屋外，在門前稍停，遠眺山下。

山下火車站旁，是原有的運動場。港灣對岸天際，是一排排的高樓大廈，那是有數十萬人口的馬鞍山新市鎮。港灣已變成狹長的海道，在陽光下恍若一條銀帶。這一邊，火車軌後是吐露高速公路，重型貨車和貨櫃車穿梭來往。

在一九七〇年代，美芸每天在火車站上等車到市區去時，可以看到海鷗在海上盤旋，然後俯衝捕食魚兒。多麼怡人的田園景象，但今天已不復睹了。當日出市區的車路橫跨鐵路，火車經過時車輛得停下來讓路。在火車呼嘯而過時，孩子愛在車裡使勁向火車揮手。駛過路軌是對汽車避震器的最佳考驗，我們駛過時，後座的孩子總是彈得一起一伏。

形狀如馬鞍的馬鞍山依然聳立，但山下的村落和烏溪沙的灘岸已經蕩然無存。我望向馬鞍的尖頂，我曾經登上過那兒嗎？中大學生每年都會比賽登山，力求打破過往的紀錄。我們乘平底的「嘩啦嘩啦」渡海，划艇的通常是名上了年紀的婦女，在海上搖搖晃晃，實在驚險，尤其是學生們急不及待要渡海，艇上總是超載。

登山的路愈高愈窄，我記不起曾否登上最高頂了，也許兒子曾上過。現在中大的學生已不作興登山，他們有別的玩意，其中一項是與港大在流出吐露港的城門河上比賽划艇。這是「抄襲」自牛津和劍橋大學一年一度的泰晤士河划艇競渡傳統。中大得地利之便，常在河道上練習，熟悉環境，起初佔盡上風。隨交通日益便利，遠郊變成近鄰，港大划艇隊隨時可來練習，中大盡失優勢。

一九九七年香港回歸中國，大家都說香港可以五十年不變。這說法其實有點不切實際。就我與香港結緣三十年所見，轉變何其巨大。即使叮我的蚊子，也已是不同的品種。轉變來時，任誰都不能阻止時代巨輪前進。

我步行下山，經過崇基教職員會所、教堂，碰上一位退位的同事，他也像我一樣，回來懷舊一番。

一九七四年我離開中大時如果有人告訴我，有一天我會回來當校長，我準會告訴他不要胡思亂想。前往美國繼續我在光纖上的未竟之業，正是我夢寐以求的事，為此我還感萬幸。

十年光景眨眼過去。一九八六年一位我在英國大學的老同學路過紐約，約我和美芸吃頓晚飯。他曾長期在中文大學任教，他說有個訊息要帶給我。

我在中大創立電子系時，校長是李卓敏教授。當時大學只有數百學生，師生親如一家。我記得每年的畢業禮都在大會堂舉行，禮成後，畢業同學、他們的父母、教師，以及教師的親眷就在大會堂的酒樓歡宴。

李校長的繼任人在一九八七年也要退休，校方要找新的校長。我的老同學替大學傳話，希望我能申請這職位。這種物色重要職位人選的方法今日仍然在應用。大學一方面在本地和海外報章刊登招聘廣告，一方面早已四出派遣密使，試探目標人選的意願。如果他願意，就會收到申請書，填妥寄回，即會列入候選面試名單。對這種制度我當年倒懵然不察，以為老同學的建議只是隨便說說。

面試以後我仍以為獲聘的機會不大，不知道一項嚴肅的任命正等待着我。回美國後不到幾天，當地的華人社會已傳遍我獲任命的消息。從香港空運來的中文報章上，已公佈了有關的新聞。這新聞，我是最後一個知道。

美芸說，早知如此，我們應該在地產市道的高峰期把大屋賣掉，而不是等到幾個月後市道回落才脫手。

無論如何，我在一九八七年回到中大，接受一項富挑戰性的工作，帶領中大進入一個新的時代。往後幾年我經過舊居無數次，但沒有一次踏足進去。到現在我退休了，才有機會返回舊地，重拾記憶。

算起來，我小時候在香港住過五年，後來回來任教四年，加上就任校長直至現在，雖然會不會留下去仍不大肯定，我在香港前後已居住了二十四年。

在步向大學站乘火車回家時，我相信我還會多來中大校園幾次，才會收拾一切離開香港。然而，也許不再是來看醫生吧。

11

—

結婚紀念

◆ 上：1995年與江澤民在北京會面留影。

下左：1994年在泰國出席由泰王主持的當地一家中文大學的開幕儀式。此行期間半邊面突然麻痺，幸而兩星期後恢復過來。

下右：1999年結婚四十週年外遊，於澳洲一小島上與女兒合照。

二〇〇一年，我與美芸慶祝四十二週年結婚紀念。九月十九日我們正在紐約，忙於處理零星的瑣務，朋友說第十五大道上的半島酒店是喝下午茶的好地方，我們忙裡偷閒，在那兒寧靜度過了這個富紀念意義的日子。

時至今日，我們盡聽到短暫的人際關係，夫婦輕言離異，少見有天長地久的婚姻。在我成長的年代，父母知道我與女友——一位海外華人——只認識兩年便談婚論嫁，大感訝異。情慾固人之常情，但我們的結合主要是基於彼此志趣相投。現代青年卻每每先性後愛，甚至有性無愛，遂致問題叢生。與我同年紀的親友，都能維持長久和愉快的婚姻，夫婦間的感情歷時數十年而不變。此際我已進入人生的晚年，情慾早已消弭，能有一位親密的朋友坦誠相對，分享志趣、交流內心感受，實在難能可貴，否則，生活將何其寂寞？

這一年，二〇〇一年，世貿中心遇到恐怖襲擊時，我們正在紐約。震撼人心的九月十一日早上，我一邊吃早餐一邊看電視新聞，曼克頓那驚心動魄的一幕，就在電視熒幕上展現。

我們整天坐在電視機前，從沒想過跑到五號大道親眼看個究竟。在電視機上，一切彷彿只像電影情節，沒有可能在現實生活中發生。

我們的下午茶伴隨着美味的三明治、加上奶油和櫻桃的熱司空，以及精緻的糕點。但我們談話時心裡卻另有所屬。美國政府會怎樣對付那些隱形的恐怖份子？會爆發第三次世界大戰嗎？

我和美芸都經歷過戰火的洗禮，我在中國，她在歐洲。現在距離恐怖襲擊已超過一個星期，但我們都沒想過到Ground Zero那邊看看。Ground Zero這個字，眼下已經用開了，其實這是指核子戰中核彈爆發的中心點。美芸在戰火漫天的倫敦捱過炸彈爆發後嗆人的濃煙，但年少無知，當戰火沉寂下來便在那些頹垣敗瓦中玩耍，沒想過瓦礫下面可能埋着遇難者。如今一想到世貿中心廢墟塵土中埋着眾多無辜犧牲的人，她頓感不寒而慄。我們都知道，世界將不再一樣了。

雖然心緒紊亂，在半島酒店我們還是努力尋求片刻的寧靜。我回想過去許多年，我們是怎樣度過這一天的。

「我送給你的最佳週年紀念禮物，就是我們的女兒。」美芸說。

我們的第二個孩子明淇，在九月十九日凌晨三點鐘出生，那天剛好是我們結婚四週年。

明淇一開始便顯出她活潑好動的性格。她在母親的肚子裡揮腿亂踢了一整天，卻完全沒有出來見見世面的意思。病床怪不舒服，美芸最怕睡在醫院裡，要求出院。負責接生的護士雖然也認為嬰兒還要過好幾個小時才出世，但堅持不讓她回家。她要美芸吃兩粒安眠藥，說她只是過度緊張。我在晚上十一點在美芸催促下回家去，雖然她含着淚很想跟我回去。三個多小時後，明淇便來到這世上。

第二天早上八時我趁上班前來到醫院，還未知道已再為人父。明淇的出生，為每一個人帶來驚喜。這一天，我們將同時慶祝兩件喜事。沒有甚麼比抱着新生嬰兒，感受到生之喜悅更令人興奮。

我們的長子才兩歲大，以後的兩個月可忙亂透了。由實驗所回家，發覺美芸已給家務、清洗衣物和燒菜煮飯弄得一頭煙。當時我們還沒能力，也不容易聘請幫傭。我的家人在地球的另一邊，美芸娘家的人也各有各的問題，我們只好自力更生。我給女嬰更換尿布、洗澡，和小兒子在浴缸玩耍，另一邊廂美芸在廚房裡弄晚餐。我算得上是第一代的住家男人，甚至會推着嬰兒車帶孩子外出散步，那時的大男人沒有一個會這樣做。

家庭生活日日如是，就只是忙。週一到週五我在實驗所埋首於波導管和稍後的光波導研究，回家後就是個不折不扣的家庭主夫，抱孩子、在地上滾葫蘆假裝扭打、晚上把垃圾桶拿出屋外、把衣服拿到園子裡晾曬。洗衣機在當時還是新鮮罕見事物，我們用的是天然人力，再加上陽光洗衣粉，洗出來的衣服和尿布不但潔白，還帶有大自然的氣息。陽光在英國不常有，必須善加利用。我的同事相信都會認為我這個男人沒出息，到今天，拜即用即棄用品和種種自動機械的普及，當住家男人再不是甚麼大不了的一回事。

在英國，商店在下午五點便關門，在工作的日子沒可能去購物。週六成為我們的購物日，一外出便花去大半天時間。週日本來是休息娛樂的日子，但我要爭取時間為房子做些修修補補的工作，以及完成一週以來擱着的瑣碎家務。還有一個重要任務，就是美芸每週例行要回娘家一趟。單是打點兩個小孩出門，便花去不少時間，來到岳母家，已差不多是午飯時候。吃過飯，儘管心裡記掛着家裡的事務，但不能立即回家。岳母一聽我們說要走，一定堅持我們留下來吃晚飯，要不然，她準沒好話說。

「為甚麼要趕着走？我煮的飯不好吃嗎？那麼快便要走，為甚麼還要回來？」

我們無可奈何只有留下來，心裡卻盡在盤算怎麼安排家裡的事務。岳母沒有自己的生活，要麼寄託於兒子和朋友，要麼倚賴她的幾名女兒。

這些週日恍若一場戲。美芸在自己的家，只會回憶起童年時不愉快的經歷，她的母親不但精神有問題，恐怕還有點精神分裂。美芸童年的陰影，一直籠罩着我們初期的婚姻生活，我要花很大的耐性和努力深入了解她，才能助她度過這段情緒往往起伏不定的日子，又或者，我對她的了解還不夠深，令她的困擾揮之不去。岳母用她鄉下的方言咕嚕咕嚕，我一句也聽不明白，只好一個勁傻笑點頭。

十多年後與大學時的同學聚面，他們都奇怪這些年來我哪裡去了。「我們都知道你結了婚，但自此以後你完全消失，再沒有跟我們聯絡了。」他們若知道我忙得不可開交，每一個小時都填得滿滿的，就不會大驚小怪。

女兒六個月大時，美芸已急不及待要從家務脫身。實驗所給她一份兼職工作，但我們必須先找一名可靠的幫傭在早上照顧家裡的事務才行。

我們結婚五週年那天，大家都要上班。我正着手研究光纖通訊系統的可行性，美芸則埋首於編寫為我們解決複雜數學運算的電腦程式。我和英籍同事喬治運用這些數學程式，於一九六六年寫成首篇論文，在英國電機工程師學會的學報上發表。最近美芸忽地想起，我沒有在論文中向她鳴謝。

日子在不知不覺間過去，結婚週年、生日紀念，也像流水般一個接一個度過了。到底是生日重要，我們的結婚紀念只好退居次席。每年九月十九日，我們都為明淇慶祝生辰，連帶明漳的也一併慶祝，他在九月二十二日出生，比明淇遲了三天，是我們結婚兩週年的一份遲來的禮物。生日派對也是開了一個又一個。生活忙亂而有規律，就像英國每個年輕家庭一樣。我們以為，我們的日子也將如此這般過去，最後在英國終老。

一九七〇年突如其來一份新的差事。大學時期的老朋友突然聯絡上我，說香港一家大學正要成立電子學系，問我有沒有興趣做開荒牛。我考慮再三，又和美芸詳細討論過。在英國，我們一家人都是「少數民族」，在我的事業和研究不斷發展的當兒，我也感覺到外在的極限和壓力愈來愈大。向公司取假兩年，把房子租出，兩年後回來繼續我未竟之業，未嘗不是一個比較保險的方法，而且公司方面的反應也很正面。

深夜裡乘的士回家，的士司機總是問同一的問題：「今晚的生意怎樣？」他準以為我是唐人餐館的侍應，甚至是「洗大餅」的。

在最近一次老朋友餐會中，我聽到一個令人捧腹的故事。我們的朋友也是對老夫老婦，和我們一樣，在東西方遷徙流寓。在大學教育仍是特權階級的專利時，他們都在北京一家著名大學就讀。在校園內，師生都用自行車代步，男方為了與女方接近，總愛為她推自行車。在那年代，戀人都要極度克制，不能張揚，如果在公眾地方手拖手，必會鬧出醜聞。

席間，我的老朋友說出一段往事，但是真是假，不得而知。

「在一次午餐宴會上，出席的有來自世界各地的人。一個英國人坐在一個中國人的旁邊，上湯的時候，英國人模仿洋涇浜英語對中國人說：『Likee soupee？』（湯好喝嗎？）中國人木無表情，只是禮貌地點點頭。不久，主禮人宣佈，請演講嘉賓上台講話。那名中國人站起來走到台上，用極流利的英語發表演說，說畢，在全場掌聲雷動中返回座位，他向身旁那位尷尬得耳根通紅的洋人說：『Likee speechee？』（演說好聽嗎？）」

這是發生在上一世紀的故事，但時至今天，難保不會重演，西方人對東方的了解，其實依然沒有多大進步。

兒子對自己的身份也很迷惘。

「在學校裡他們盡是取笑我，說我是扁鼻子。我為甚麼不是英國人？我為甚麼跟他們不同，我不想做中國人。」

在種種原因驅使下，我決定接受大學的任命。

十一週年結婚紀念因此在漂洋過海中度過，我們在九月抵達香港，頭一個月就住在國泰酒店暗沉沉的房間中，加上環境陌生，結婚紀念和生日都無暇也無心情慶祝。我少小離家，回來之日，相距差不多二十年，這城市已再不是當日的城市。

我以海外人員的條件受僱於香港，每年都可以與家人返回「原居地」度假，我的原居地，也就是英國。也因此孩子們年紀小小，已視坐飛機如家常便飯。度假回港，也剛好趕及在九月中慶祝孩子的生辰和我們的結婚紀念。

我在香港的合約由兩年延長到四年，讓我得以親自目睹第一屆電子系學生畢業。

昔日在實驗所裡習慣了衣着隨便，在天氣炎熱潮濕的香港，我更以結領帶穿套裝西服為苦。所以我在衣着方面的名聲不大好，有時襪子也不穿，趿一對涼鞋，許多人還誤以為我是個學生。

美芸面對生活的變遷，卻能迅速適應，倒有點意外。尤其是來港初期，我們一會兒住酒店，一會兒住租來的單位和別人的房子，最後才定居在中大的宿舍。我問她，如果我們不再回英國，她可會介意。她毫不猶豫的說：「即使你要搬到撒哈拉沙漠，我只要提起行李便可以起程。自從離開我們在英國的家，踏足遙遠的地方，住過那麼多不同的居所，已經沒有甚麼地方可以難得倒我。就像《舊約聖經》裡路得說的：不要催我回去，你往哪裡去，我也往哪裡去；你住在哪裡，我也住在哪裡。」

離開光纖工業四年後，我並沒有回到英國，而是應ITT之聘到了美國，效力於他們在羅安那克的廠房。光纖的開發已由設計圖則階段進入前生產階段，以及進入通訊系統之中。

這以後的八個結婚紀念日都在美國的維珍尼亞州度過，也就是在這幾年間，我在光纖研究上的開創性工作獲得同行的確認。我們的經濟環境漸趨穩定，家裡的喜慶日子都可以到外面吃飯慶祝，也可以到首府華盛頓去參觀那些雄偉的博物館。

對於美國的鄉鎮人家我倒有點意見。我的鄰居聽我說要開三小時汽車到首府去參觀博物館，認為我是個傻瓜。在我搬來之前，這位鄰居和他的老妻曾到法國旅行，回來後只管說當地的海灘盡是赤條條的男男女女，他對此等怪行，實行目不斜視云云。

美國小城鎮的居民，往往目光短淺，心胸偏狹。他們只看本地的報章，對國內其他地方的情況了無興趣，遑論關懷世界。現在互聯網日趨普及，足不出戶能知天下事，這種情況不知道可有改善？

一九七〇年代美國經濟強勁，羅安那克廠房生產的夜視鏡帶來龐大利潤，我和其他高層管理人員獲邀攜眷到Greenbriar酒店參加為期三天的外宿會議。那是在西維珍尼亞州的一家頂級度假酒店舉行。一九七五年赴美的頭一年，我便參加了這樣子的會議，對美國的文化和生活方式大開眼界，尤其是餐宴時的食物，總是多得可以餵飽一支軍隊。

大公司開的「集思會」，其實是以工作為名，吃喝玩樂為實的「集食會」，公司安排九月在Greenbriar開的會議，也順理成章成為我的私人結婚紀念慶祝活動。不過我們還是記掛着家裡的孩子，雖然我們已特別囑託鄰居每天過去看看他們的情況，美芸還是每晚致電回家探聽虛實。在Greenbriar，我學會了美國上流社會的生活方式，每晚穿戴整齊，男的結黑領帶，女的穿長裙，或在舞池起舞翩翩，或在酒吧飲酒聊天。宴會都氣派講究，午間的自助餐也精美異常。Greenbriar設有廚師班，培訓廚藝界的明日之星。頂級名廚親自獻技，為來賓準備美食。我和同事占美比賽，看誰到甜品桌的次數最多。

「集食會」完畢，我們簽賬單時給數目嚇了一跳，雖然賬是由公司結的。美芸說：「算一算看看，他們準是算錯了。」

下一年，我們學圓滑了，懂得遊戲規則，可以更輕鬆的享受這樣子的聚會，覺得更年輕，更自由自在。大家都善用這個公司付鈔，我們飲宴的機會。洋人說這是living high on the hog，意即過上流社會的生活。我想到中國人有句話說「馬無野草不肥」。在繁忙的工作中有機會跑跑「野馬」，鬆弛一會，其實有利回復活力，加強工作效率。

孩子們說他們已長大，不用鄰居過來看顧。他們也果然懂事，我在酒店接到英國來的緊急電報的同時，便收到他們的電話，告知祖母去世的噩耗。我沒有將消息告知同事，因為父親已打點了一切，母親的喪禮會在個多星期後舉行，我看來無須立即離開。這個結婚十七週年的紀念日，過得心情沉重。

第三年的集思會，已沒有了頭兩次的新鮮感。一些結了婚的女同事已經離婚，又或者與丈夫鬧僵了，會議彷彿籠罩上一層灰暗的色彩。Greenbriar的集思會到了第四年便關門大吉，我和美芸回到尋常餐館慶祝我們的紀念日。

當時，我還不知應如何感激公司給我們的機會。穿黑禮服、住五星級酒店，以及上流社會交際禮儀，這種種經驗，十多年後對我十分管用。美芸的自信心也因此加強了，當她和我一道「過上流社會的生活」時，很快便適應下來。在許多方面我都要感謝ITT，雖然它保留了我所有的發明專利。

在我的薪酬大幅增加以後，本以為將會在羅安那克住上好幾年。美芸設計了我們的夢想之家。由設計到完成，共花了兩年時間，我們在一九八二年搬進這一切按照我們意思建成的房子。但這時孩子們已上了大學，一個在鄰近的維珍尼亞大學，一個在更南面的杜克大學，都不住在家裡，一家人難得共聚在這夢想的家園。幾個月後，我獲委任為科學行政總裁，這是ITT首次設立的職位，我可以選擇工作地點，我的決定是離開維珍尼亞的羅安那克，駐守康納迪格的研究實驗所。我們的新居因此要賣出，我先北上就任，讓美芸留下來善後。那年的九月十九日，我離別了家園。我們從未分開過，這是頭一次，尤其是乳燕已離巢，只得她獨自一人，她更覺孤單。

夫婦暫別，有工作在身的一方很快便忘記了孤獨，全情投入工作。沒有工作留在家裡的美芸，日子便會很難過。最初，美芸很難在美國找到工作。羅安那克是個挺保守的地區，女性如果外出工作，人們就會以為她的丈夫沒有能力養家。美芸是一九六〇年代電腦程式編寫的先鋒，按理說在我的公司很易便可以找到一份差事，但ITT有一條古老的規定，就是兩夫婦不能在同一家公司工作。

不過，美芸多才多藝，很快便在外面找到精神寄託。她在本地學校任教的一位朋友突然有事要請假，她便當上代課教師。嘗過短暫的教學生涯後，美芸找上一份義務工作，就是替一個團體的負責人寫宣傳信，兼把宣傳品套進信封裡。這工作太刻板，她很快便決定重返校園，在三十哩以外Blacksburg的維珍尼亞工業學院報讀了一些課程，她覺得這些課程都很有趣。但讀到審計這科便吃了一塹。她要死記許多守則和規例，C級的成績更令她大感沒趣，最後還要受一肚子氣。她要在一家會計師行跟一個比她年輕一半的小夥子實習，這小子盡是要她沖咖啡，又只是拿着教科書向她照本宣科，好像她是個文盲，不懂自己看書。最後，她與一位同事的妻子合夥買下一家成衣店，做起生意來。這生意一做便是兩年，合夥人的三名女子，以及我們的兩個孩子成了兼職員工，負責跟顧客打交道、管理存貨、設計櫥窗擺設、記賬，還有就是嚴拿高買。

在空閒的日子，美芸獨自在家收拾，準備撤離。我按時致電回家，向她報告每天所做的一切，我說得興奮，不知道這徒添她的不快。

「今天晚上我和實驗所的同事愛蓮去吃晚飯，相處得挺愉快。我們去的是同一家飯店，那兒的侍應準以為我們是夫婦了。她的丈夫因公外出，她說她丈夫不介意我跟她吃飯。等到你來，我介紹你們認識，你會喜歡她的。」

男人就是缺乏女人的第六感，我對新認識的朋友滿懷天真的熱情，家裡的妻子卻想到了相反的方向。後來愛蓮和美芸會面時，雙方都態度冷淡，更談不上友善，令我大惑不解。

一九八四年，拉丁美洲颳起一股擄劫美籍商人的歪風，也許因此令ITT決定派遣一名華籍人員到當地作公司代表，並就技術發展發表公開演講。事實上，波多黎各的ITT分部確要求總公司派出公關人員到當地介紹一下光纖業務帶來的新機會。

我自然是理所當然的人選，美芸也鼓勵我：「為甚麼不試一試。我們可以在當地為二十五週年大事慶祝一番。」

在我們啟程前往聖胡安的前一星期，我在打理後園時滑了一跤，連車帶人一起翻倒，一塊石頭從地上反彈，正中我的左眼。第二天，我的眼睛黑了一圈，足有一隻碟子那麼大，美芸説我看來像個江洋大盜。

公司派到聖胡安機場接機的人，已知道來者不會是個大塊頭美國人，但沒有想到是個一臉兇相的亞洲人。他們都很熱情有禮，還給美芸送上一大束鮮花，又用西班牙語致了歡迎辭。隨後幾天，他們開車載我們四出活動，我們到過學術機構、政府部門，見過許多人，少不了的是連場飲宴，頭盤是我的演説。無論到甚麼地方，都有兩名保鑣隨從左右。空閒時，他們便帶我們觀光，雖然他們的英語並不靈光。

此行過得很愜意，行程最後一天是九月十九日，我們在酒店大堂主管大力推薦下，在附近一家餐館訂了位子。為享受一下浪漫氣氛，我們想在夜空下漫步。保鑣堅決反對，「不安全！」他們斬釘截鐵地説。

汽車不消一會便把我們載到餐館門前，保鑣說一個小時左右後回來接我們。餐館的食物果然十分美味，我們慢慢享用，當然，結婚二十五年也給我們說不完的話題，而且明天便要回家，心裡有點依依不捨。餐館顧客不多，我們是最後一對離去。出了大門，只見街上漆黑一片，不要說汽車，連人影也不見，我們想返回餐館，大門卻已上了鎖，我們孤零零的，豈不成了綁架的最佳目標？一驚之下，只得使勁擂打餐館的大門，幸而最後有人來開門。原來停車場在餐館的後邊，我們步出後門，便見兩名保鑣早已在那兒等着。

幾星期後，我們收到ITT紐約總部寄來一個大信封，裡面有多張8R大小的相片，記錄了黑眼圈「亞洲大盜」與聖胡安政府高層打交道的情景，並永遠成為ITT歷史檔案的一部分。

一九八五年，我們在德國寧靜地度過二十六週年結婚紀念。我在斯圖加特ITT德國分部Standard Electric Lorenz工作一年，我們到鄰近的小鎮蓋林根一家餐館吃晚飯，菜做得十分精美，我們這時才知道，吃過主菜後，還有第二份，份量跟第一份一樣大。

美芸初時只能説斷斷續續的德語，但有人告訴她，這樣子説德語跟那些從土耳其來幹活的工人一個模樣，會給當地人小覷，她於是發奮努力學好德語。結果，在我們的送別舞會中，她以尚算體面的德語代我致謝辭。我在實驗室裡，跟同事都以英語交談，一年後德語依然故我。

一九八八年，我獲瑞典皇家工程科學院（IVA）選為院士，IVA相等於美國的國家工程學會（NAE）和英國的皇家科學院，獲得這名銜是我的莫大榮譽。他們每年都為新院士舉行大會，要不是美芸鼓勵我，我未必會出席。

「今年是我們的二十九週年結婚紀念，我們還沒有安排節目，就趁這機會到瑞典慶祝吧。」她説。

大會在一九八八年十一月舉行，日間女士們另有節目，男士們則要出席科學講座。晚上是盛大的晚宴，名譽院長瑞典國王卡爾十六世與皇后親自出席。

這以後的結婚紀念都是相對平常地度過，到四十週年才值得大書一筆。四十年可說是個重要的里程，我們的環境寬裕了，可以比年輕時過得豪爽一點。我們請了全家人，包括我們的媳婦到澳洲大堡礁的蜥蜴島遊玩。

要找一個大家都有空的時間實在不易，偏偏當地的雨季這年開始得較早，到了島上，卻碰上雨天。不過，反正我們主要的節目是游泳和潛水，無論如何都會把全身弄濕。

蜥蜴島就像廣告宣傳的一樣美麗，只是冬季季候風來早了，但我們不讓天氣打擊興致，雖然潮濕，氣溫還算暖和。我和美芸乘一艘摩托小艇，沿海灣駛到因電影《青青珊瑚島》（*The Blue Lago-on*）和片中女主角波姬小絲聞名的藍珊瑚礁，我們嘗試在一個小島泊岸，但大浪令我們無法逼近，只能到一處沙丘帶上岸，遠距離觀賞藍珊瑚礁。

人愈來愈長壽，但人類未來的命運如何，沒有人可以逆料。對一些人來說，生活無論過得快樂還是坎坷，在二〇〇一年九月十一日那天，便一下子中止。這一天，將永遠深印在我的腦海中。

下一個重大的日子，將會是我們的五十週年紀念。我們會活到那日子嗎？誰說得準。但我相信我們有長壽的基因，我父親活到九十五歲，我的岳母，則在她一百零一歲生日那天去世，而且盡最後一口氣也要與女兒對抗。她在醫院病床上，不吃東西不喝水，不說話，也不張開眼睛看任何人。美芸坐在床頭撫着她的手背說：「媽，這些年來我們幾姊妹對你也算盡了照顧的責任，你應該滿意才是。但你一直只知道有兒子。對你的女兒，是不是也可以說句讚賞的話？你不必對我說，因為我不聽話，離開了你。」

說到這裡，美芸突然大叫一聲：「她擰我，你看見嗎，她使勁擰我。」這一擰看來是個懲戒，但又有誰知道老人家到底想說甚麼。第二天我們便離去。一星期後她生日那天，護士捧來一個點上洋燭的蛋糕，還有一張英女皇祝她百歲大壽的賀卡，不久，她便撒手人寰。

我和美芸現在已是家中年紀最長的一代，而且恐怕不會有新的一代，我們的兒子結婚十年，至今無意生育；女兒則仍獨身。

我相信我們可以活到五十週年結婚紀念，但必須身心健康，才是美事。也許我們會乘船到地中海旅遊，但那也要世界和平安全才行。

12

富人、偉人與要人

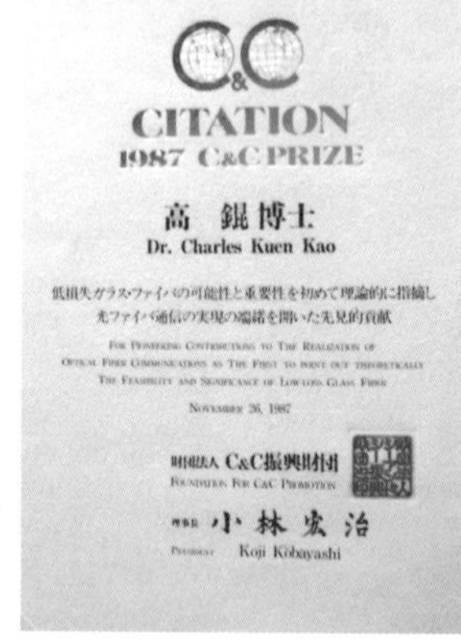

C&C

CITATION
1987 C&C PRIZE

高 錕博士
Dr. Charles Kuen Kao

低損失ガラス・ファイバの可能性と重要性を初めて理論的に指摘し
光ファイバ通信の実現の端緒を開いた先見的貢献

For Pioneering Contributions to The Realization of
Optical Fiber Communications as The First to Point out Theoretically
The Feasibility and Significance of Low-loss Glass Fiber

November 26, 1987

財団法人 C&C振興財団
Foundation for C&C Promotion

理事長 小林宏治
President Koji Kobayashi

◆ 上：1996年在印度馬德拉斯（Madras）一個研討會上任發言嘉賓，攝於印度馬德拉斯科技學院。
下：1987年我在日本榮獲的第一個獎項。光纖發展的起步時期，我在日本結交了不少朋友。

◆ 上：曾得到17個獎章，照片中是其中11個，包括1985年的莫理獎（Morey Award）、1999年的查理．斯塔克．德雷珀獎（Charles Stark Draper Prize）。
下：1999年英國倫敦三個已退休的姐妹合照。從左起是大姐美英、美芸、三妹美華。

我並不是個自命不凡的人，因此沒法把自己歸類為富有、偉大，又或者是有權有勢的其中任何一類。這些帽子，要我戴得舒服才行，否則我將脫之唯恐不及。

一九六六年我寫的開創性論文，向科技界提出以玻璃纖維代替銅線用於通訊系統的概念，有人因此給我戴上一頂偉大的帽子。

單是我的意念，實不足以成其為偉大。時間的配合也很重要。如果通訊用玻璃纖維的提出不是碰上製造技術適足以配合，這個意念很可能就會夭折，給埋在歷史中。堅持也是成功的關鍵。我對自己的意念深具信心，鍥而不捨。

通訊專業人員組織了多個國際會議，包括歐洲光通訊會議（ECOC）、國際集成光學及光通訊會議（IOOC）、光纖通訊會議（OFC）等，參加這些會議，可以與來自世界各地的朋友見面。

那時候，我看見資深的同事在名片後都有一連串F.I.E.E.（電子工程師學會會士）、F.I.E.E.（電子電氣工程師學會會士）之類的名銜，甚是敬慕。我只是這些學會的一般會員，要怎樣才能取得令人尊敬的名銜？我的導師告訴我：「當你年紀漸大，經驗漸豐富，年輕人，你也可以擁有這些名銜。那是不用申請的，如果你做出有意義的成績，就會有人給你提名，學會又接納的話，名銜就是你的了。」

但我也認識不少年紀大的同事，他們並沒有甚麼名銜。是他們做錯了甚麼嗎？我除了馬齒徒增之外，還可以做甚麼？

如我的導師所言，經過了一段日子，我就成為了會士。應邀出席的會議的規模，也比昔日龐大。我其實還是昔日的我，雖然我的知識和經驗都增加了，應用在事業上也取得成功，但我是個偉人了嗎？我不認為自己有甚麼偉大。我只是因自己的工作獲得那麼多同行的讚賞，因而感到欣慰。

我的公司將我所有的意念註冊為專利，我不可以藉這些概念拿到一分一毫的專利稅，遑論因此而致富。我賺的錢都是辛苦得來的，雖然，每年加薪升職算是一種獎勵，但到了一個階段，前面彷彿就有一堵無形的牆。儘管我已到了行政管理階層，若要更進一步，只有向橫走，沒法向上升。

許多年後，我收到英國一家獵頭公司打來的電話，對方說：「有人鄭重向我們推薦你出任英國一家大公司的行政總裁，你的資歷和經驗都很適合這個職位。」

那時我正在香港中文大學當校長，完全沒有轉職的意圖。對這電話我感到有點莫名其妙，我讓對方說下去，並感覺到他對我的背景似未十足掌握。

我顯得滿不在乎，對方更着緊的嘗試打動我，並說可支付我前往倫敦的費用，要我去見見有關公司的董事局，他們看來倒是十分認真的。我在不經意間透露我是中國人，我相信向他們引薦我的人並沒有將這一點告訴他們，否則他們根本不會打電話給我。果然，對方聽我這麼一說，立即沉默了一會，然後很快便掛了線。這就是我所說的無形的牆。

一九七三年五一勞動節，我們隨觀禮團在天安門廣場觀看表演，莎莉麥蓮就坐在最前的一行，與中國領導人在一起，看來獲得貴賓式的招待。我和其他人一樣，瞇起眼睛想多看她一眼。

這次初訪中國，有不少事情都記憶猶新。我們算是最早窺探共產中國的一批外來遊客。我們遊過紫禁城，也到過許多學校和公社。當時，外賓都例行要到這些地方，聽取高層人員的匯報和種種有關當前形勢的數據，這種匯報最少得花上兩個小時，之後才開始實際的參觀活動。

我們獲得特別招待，有的團員也就毫不客氣的運用他們的特權。一位教授在參觀一處古跡時，隨手拾起一塊看來是古物的石雕，放到行李箱中運走。登機時他的行李明顯超重，「沒問題，我可以用上其他人剩餘的配額。」他邊説邊望向我們，因為我們只帶着簡單輕便的行李。但我們拒絕了。

也許因此那位教授把旅程中主人家給我們拍的照片全部據為己有。當時在內地仍不能隨便拍照，曝過光的膠卷，全都要沖曬出來才能帶走。美芸想取回一張她與高層黨幹部握手的照片，同樣給拒絕了。

這次旅程令我認識到，發展中國家在邁向前路時，如何在封建意識和貪污腐敗中舉步維艱。謀取在當時來説儘管只是些微進步的方法，雖然不無值得非議之處，我們也不應忘記，發達工業國在締建今日的人文價值時，也是如何經過艱苦的掙扎。每個地區的發展之路都經過不同的文化地貌，最終達致的價值，也無可避免隨其歷史的崎嶇而有所曲折調整。

也許出於對祖國心照不宣的同情，團裡沒有一個人提到我們遇過的一次飛行意外。

在一九七〇年代，中國的航空事業和設施都處於初級發展階段。一般百姓很少乘坐飛機，民航的乘客大都是權貴和名人。那天我們坐的是一架螺槳客機，在轟隆轟隆的聲音中起飛。正當客機在跑道上顛簸前進，並加速準備起飛之際，引擎突然關掉，飛機滑出跑道，衝向旁邊滿是泥濘的草地，機翼將附近一間小屋的屋頂削去，一個在屋後騎在梯子上的農民給嚇得滾倒在地上。機上我們這批乘客大吃一驚，頓時亂作一團，有的人更失聲尖叫。但另一邊的軍人，卻像沒事兒似的筆直坐着，一聲不吭。

飛機傾側到一邊，但機艙門離地面太高，沒有人敢跳下去。又經過了幾個小時，才有人推出活動梯級來讓我們下機。踩在泥濘地上，雙腿很不踏實，說不定是仍在戰抖的緣故。

回到候機室，兩名歐洲乘客拒絕再乘飛機，給安排轉乘火車繼續行程。我們沒有其他選擇，幸好往後的行程都很順利，再沒有驚險的事情發生。

這是我與權力沾上邊的開始，在不自覺間，我與權位、財富和名聲的關係日漸加深。

任職於大公司的一個好處，是可以獲得周到的支援。有人會為你的商務旅程打點一切，秘書會為你接聽電話和對外聯絡，又會提點你各項約會和行事日程。我為了公事出門，鄰居們都會知道。時候一到，便會有一輛大型黑色轎車在門前等着我，司機都穿上整齊的制服。轎車會把我送到機場的公眾停機坪，我乘搭的是公司的私人飛機。公司有幾架這樣的飛機，定期往返紐約和布魯塞爾，那是ITT歐洲總部所在地。機上各色飲品齊備，保管七八小時的航程輕鬆愉快，以便一早抵達目的地便立即投入各種會議。這其實是一種盡量榨取你的精力的做法，洋人說的「一支蠟燭兩頭燃燒」。我的工作時間很長，一年中有三分二時間不在家。拿天文數字的薪酬和分紅，你就得證明你物有所值。美芸常拿一張漫畫開我的玩笑，漫畫中，小孩子望着早餐桌上的陌生人滿臉狐疑，一行小字說：「吃早餐的那個陌生人是你們的父親」。

美芸有時會和我同行。有一次他們開來一部特大型的轎車，車內有小型酒吧和電視，美芸坐進去，也不禁輕嘆了一聲「嘩」。不過車廂座椅用豪華皮革製，車子每次煞停，美芸因穿上幼滑布料做的服裝，總要不期然的向前滑，差點就掉到座位下的地氈上。汽車安全帶的發明，看來最初是為了免使闊太太們尷尬。

外出公幹回來，才是最風光的時刻。過了海關來到出口，接機的人群中早已有不少司機模樣的人舉着牌子等候，我看見其中一個牌子上大書「高錕博士」，向那人微微點了一下子頭，那人立即飛奔前來給我推行李，把我帶到通常就泊在附近的車子。上了車，我倒頭便睡，直至抵達家門前才醒來。

我還坐過和諧式客機。

那年夏天，我弄傷了脊椎骨。這也許是高氏家族擺脫不了的命運，我跟父親在一九六七年受傷的過程一樣，都是重重的跌坐在地上。幸好傷勢不算嚴重，脊椎骨只是有頭髮絲那樣輕微的破裂，我要戴上腰箍，總有點痛和不舒服，除非坐得很直，否則不能久坐。這樣子我可沒法到外地參加甚麼會議，無論那些會議有多重要。

如果一定要我到布魯塞爾開會的話，我說，我要坐和諧機。

出乎我意料之外，公司就讓我坐和諧機到布魯塞爾去。原來七小時的航程，縮短至三個小時多一點。但機艙出乎意料的狹小。面對駕駛艙的座位前端，掛着一個馬赫指數計，讓乘客知道飛機甚麼時候超過音速。飛機飛行十分穩定，當然也偶有顛簸，機身摸上去很暖。

之後我還有好幾次乘和諧機的機會。

在我全力帶領中大邁向新的發展階段時，自然要接觸社會上不同階層的人，由皇室成員至公司高層都有交往，跟修理水管的工友也可說上幾句笑。

在香港，有錢者也自然有權有勢，作為大學校長，得與他們打交道。他們對人都很好，不過對自己的地位也很自覺。

身為大學校長的另一個好處，是可以使用舊啟德機場的貴賓室。在殖民地時期，大學校長等同於最高層首長級官員，這個職級的人最怕見到傳媒，因此離開香港時，司機會載我由機場大樓後面的一個獨立入口進入貴賓候機室。到了登機時候，一輛專車把我直接送到停機坪上的飛機前。當年飛機一般都停在遠離客運大樓的停機坪上，飛機搭客要乘巴士由客運大樓前往停機坪登機。回程時，也有一輛汽車在停機坪上等候，把我載回貴賓室。

飛機上的乘客要麼看着我施然由車廂裡步出，登上飛機；要麼目睹我甫下機即登上汽車，揚長而去。

想着，心裡就有點兒飄飄然，我要扮得闊氣些，以免讓「觀眾」失望。但我知道，不能讓這種心理佔上風，要不然，腦袋就會給權力慾望佔據。不過我也知道這些優待不會長久，或遲或早我還是要過平常人的生活。無論甚麼職位，最實際的優待還是一輛專用汽車和司機。

我的第一個司機阿益是個老手，由第一任校長起便替他開車，到我已是第三任。在我開會時，他知道將車泊在哪一個角落。我離開香港一段日子又回來，他給我惡補了學校的最新發展。他比我年輕幾歲，有兩個年幼的兒子，他的妻子也在大學校園工作。難得的是，他不愛跟大學以至政府車隊的司機混在一起。

阿益說：「他們盡愛說東家長西家短，無事生非，我不慣和他們在一起。」

我不用車時，他會留在我家附近，把車子抹得十分光鮮。美芸的老爺本田，他也會代為打理一下。再有空就看看報，或與幾條狗兒玩耍。美芸很容易便知道他是否有空，方便的話，也請他開車送她外出。阿益是個好員工，我們很快便成了朋友。

阿益有個好朋友，在老牌的香港大學也是當司機的，兩人打算在鄉下老家蓋一間屋，以備將來退休養老。每到週末，兩人就會回鄉打點一切。有一次適逢我和美芸回美國去，卻發生了悲劇。

阿益年輕時便染上丙型肝炎，一直接受藥物治療，但是否會有病變，卻說不準。那天他和老友回鄉，卻藉故推搪不和他出外晚飯。老友不知道他整個下午都在吐血，回到房間，發覺他已陷入半昏迷，急忙送他進當地醫院。醫生替他開刀，發覺病因，卻為時已晚。手術後不久，阿益便撒手人寰。他在香港的主診醫生說，如果他在香港，可能還有一線生機。

我的秘書打長途電話到美國告知噩耗，美芸完全不能接受這個現實。我們回港後到校園附近一家佛堂、阿益靈前拜祭他時，美芸難忍悲傷，反過來要阿益的遺孀安慰她。這些年來我們一直懷念阿益，我們的好司機。

接任的司機阿海為人和善，卻是個典型的世俗人。他說話直腸直肚，從不懂得圓滑有禮一點。我常叫秘書好言相勸，希望他能改變一下態度。他也愛跟其他司機廝混，以致很多時都找不着他。我要他在空閒時留在我家裡，但他不大識字，又怕狗，覺得很悶。我本來可以把他降級，但不想因為我選中他反而令他不快，下不了決心。

我們家也來了一位大管家，美芸是這樣叫他的。校方認為我們需要有一個人負責家居用品的添置和打點我們的起居。

大管家卻是無所不管，他煞有介事的對我說：「你現在跟以前在這裡當教師的身份不同了，你要到最高級的地方買東西，你也要注意一下你太太的衣着，她見甚麼人，做甚麼，在校園裡都會有人注意。」

我們對這些雞毛蒜皮的小事竟成為人們竊竊私語的話題，大感莫名其妙。美芸只好常警惕自己不要穿着殘舊的衣服到雜貨店買東西。但有時候在準備菜餚款待客人的最後時刻，總是有甚麼遺漏要趕忙買回來。

美芸為人平實，許多年來家裡雖然也常聘請幫傭，由像自己女兒的姑娘，到住宿在家的阿嬸，她都平等對待，互成朋友，家裡的粗重工作，清理洗熨，如有需要，她一樣毫不猶豫的自己動手。

她在家裡都是穿舒適的舊衣，跟女傭一起預備飯菜。她沒想過到店裡買點東西也要換件漂亮光鮮的衣裳，每次都心存僥幸，希望不會遇到熟人。當然，店裡總會有穿戴整齊的女教員用奇異的目光把校長夫人由上到下打量一會。

大管家帶美芸到城中最高級的百貨公司去買床單，價錢把美芸嚇了一跳，而且那些貨色也不合她的品味。

後來我發覺，我們在家中請客時，大管家只管偷偷從酒架上拿了酒到後園去私自獨酌，等客人散了，他又會出現指點工人清理，但顯然已酒意醺醺。我不得不把他開除，美芸大表贊成。她已熟悉香港的環境，再不需要旁人來管教。

我們還有兩個傭人，一個是本地人，專管廚務，另一個是菲律賓人，是通過代理公司聘請的。菲律賓人娜拉做事很緊張，有一次請客，她竟把辣椒醬倒在客人的身上。但稍加提點，她很快便熟悉一切，成為家中的一份子。做了兩年，她卻說要移民，並推薦她的一位表親取代。尤麗一做就是七年，我們都很懷念她在我家的日子。

與來自不同文化背景的人長期接觸，對我的啟發良多。一個地方認為理所當然的事情，另一個地方也許不以為然。在發達國家，每家人都有一個大冰箱，每次買大量食物放在冰箱裡，無須每天都上市場買菜。在菲律賓，人們每天上市場，當天買的食物當天消耗。如果我們叫菲傭煮馬鈴薯，而冰箱裡有一公斤馬鈴薯，她會把這些馬鈴薯全拿來煮了。美芸看見蟑螂便嚇得尖叫，女傭卻若無其事地把那可怕的昆蟲撿起丟掉。不同國家的人，有不同的習慣。

尤麗也一直想移民。我們回美國收拾舊居以便遷出，把她也帶去。這倒讓她知道遠離自己的根源，會如何的寂寞，日常開支也會大為增加。最後，她決定回到菲律賓。她和丈夫開了間雜貨店，在鄉間也做點橡膠生意，身邊有眾多兄弟姊妹和他們的子子女女，相處融洽，也都熱心參與教會的事務。我們一直與她保持聯絡，我們現在的女傭和她是同鄉，回鄉時也會去探訪尤麗。

我的西方朋友都很羨慕我在退休後仍有女傭可供使喚。這在香港其實很平常，不一定要富有人家才有能力請傭人。一般中產家庭，兩夫婦大都各有工作，非有人在家打點家務或看顧孩子不可。這工作以前都落在祖母或外祖母身上，但時至今日，就是老人家也往往只顧忙自己的事。

我嘗試過利用外燴服務，以西式、中式和住家菜請客，但都各有不足。

有一家較好的外燴服務，嫌我們地點太遠，不願承辦。

我們想，不如請一個專業廚師，但往深一層想，我們要一個廚子幹甚麼呢？我們的早餐吃得很隨便，我不回家午飯，一個星期有好幾天不在家晚飯。我們也發覺，在外面吃的東西都太肥膩，多吃幾天份量十足的菜餚，體重準會超標。美芸建議說：「我相信客人敢情也吃膩了大魚大肉，我們何不來些家庭式的簡單飯菜？我可以訓練家裡的女傭煮些鮮味清淡的小菜，況且我們不像富貴人家有花不完的錢，負擔不起山珍海錯。」

也不是完全負擔不起，只是過不慣奢華的生活。含着金匙出生的人，才會想也不想的便揮霍，無論他花的是自己還是別人的錢。

我們最後弄出自家設計的簡單而健康的菜色，經過幾次災難式的實驗，賓客們都很滿意，對家庭飯菜能弄得如此美味大感驚奇。

款待客人不純是為應酬或社交禮儀，在輕鬆的家居氣氛中，許多重要的關係由是建立，許多意見得以溝通並達成諒解，許多情誼得以鞏固。

出席外間的活動，少不免會遇上本地和來自全球的富人、名人和要人。有時候，我會獲安排與訪客進行較長時間的對話。我與李光耀就見過兩次面，一次是在他身為新加坡總理任內，一次是在他退休後出任內閣資政期間。他待人隨和，我們就亞洲區內的政治形勢交換了意見，談得很詳盡深入。

另一次，英國安妮公主訪港，港督在督憲府設宴招待。美芸對這種隆重的官式場合不大習慣，在列隊迎迓時，美芸對公主說：「令壽堂好嗎？」公主回答時面部表情顯然有點木然。這恐怕有違皇室禮儀。這令我想起我獲頒愛立信獎到瑞典出席頒獎禮時，在一個接待會上，美芸見瑞典國王孤獨的站在一旁，好像無人理睬，就和另一位女士跑到他面前跟他攀談。後來一位瑞典來賓告訴我，除非國王召喚，否則無人可以接近國王。

在與各色名人會面時，我盡可能就政治、社會、科技和本地政策等各種問題與對方交換意見，雖然都只是我個人的看法，我希望能增加對方對不同問題的了解。無論在業界還是學界，與我的上級和各界要人保持聯繫更是職責所在。身為大學校長，我接觸的自然也是權力金字塔中最上層的人物。

在中大校長任內我見過來自不同階層和界別的名人，其中包括首位華裔諾貝爾得獎者楊振寧教授，他與中大素有聯繫，他在物理學上的貢獻無疑是華人之光。另一位是大提琴家馬友友，他的母親是中大創校校長李卓敏夫人的妹妹，他來中大接受榮譽學位時，特別與中大學生會面。我請他來家晚宴，他還記得小時候來探望過他的姨丈。

其實所謂名人，雖然翻查《名人錄》便不難認識他們的底細，但在現實中，卻往往只聞其名而不易得睹他們的廬山真面目。他們出入以汽車代步，家居重門深鎖，等閒人等豈易越雷池半步？我相信我倒有點「與別不同」，在退休後，我便過着平常人的生活，如果市民認得我的話，常可以在巴士、火車和各種交通工具上見到我。在香港，公共交通快捷方便，我實在無須自己開車，為找泊車位而煩惱。一天我參加完一個宴會出來，發覺只有我沒有車在等着接載，我怡然獨個兒跑去搭電車。我喜歡自己的這種生活風格，覺得與現實很是接近。

當我要為大學的發展籌募經費時，富人當然十分重要。我不怕厚着臉皮向富有的人伸手，但這要講求技巧和掌握時機。我最昂貴的一頓午飯，是在家裡請三位城中富豪吃的。這頓飯很低調，三位來賓都很熱心幫助大學開展一項新的計劃，其中一位已答應捐款一百萬元，其他兩位只知我請他們吃飯，事必有因。席間我一透露那一百萬捐款，另外的兩位別無選擇，面子攸關，都慷慨解囊。這頓三百萬元的午飯，大家都吃得很愜意，各人離開時，看來都興高采烈。

有時候我們需要更大筆的捐款。比方説，起一棟新的大樓，政府只出部分建造費用，其餘的款項得由大學自行解決，那數目往往以千萬元計。如果有人樂意捐助，通常這大樓就以他屬意的名字命名。沒有私人捐助，許多計劃和發展根本不可能實現。

有時候我們要與其他院校爭奪捐款，攤薄了獲得捐款的機會。大致來說，香港的大學主要靠籠絡一批富有人士，而不像美國的大學多靠舊生捐款。香港的大學一般歷史不長，舊生數目不多，也未形成舊生回饋母校的傳統。中文大學算是幸運，不但常獲巨額捐助，其中更不乏香港歷史悠久的家族。

只要努力工作，審慎理財，人不難變得愈來愈富有。但對我來說，所謂富有應在精神而不在金錢或物質。以金錢來衡量，我自然不算清貧，因為我一生都在努力工作。但知道了我的父親如何在微薄的收入下仍竭力為他的兒子提供最好的教育，我也就知道我對下一代應負起怎樣的責任。我較父親幸運，他為我們的教育犧牲甚巨，我在為孩子支付大筆學費時，或多或少總會有些獎金及時減輕我的負擔。

我有點不理解香港的富有人家為甚麼那麼輕易的便將子女送到外國讀書。外國的教育制度固有其優勝的地方，負笈海外起碼能讓年輕人打穩獨立生活的基礎，但與此同時，一家團聚、互相關懷的歡樂也就此犧牲了。富人為了打理自己的財富，平日也難得與子女溝通，香港的孩子，許多都是由女傭帶大的。把他們送往外國，未嘗不是個好辦法，對這些家庭來說更毫無困難。

我同意耶魯大學一位老朋友說的，我們都是在自己文化鄉土長大的最後一代，汲取傳統養分就像呼吸一樣自然，到長大了才孜孜不息的適應和汲取不同的外國文化。在互聯網普及的資訊世界中繼起的新的一代，自幼便處於不同文化交匯的圈子，無論身處東方還是西方，都將如魚得水，輕鬆自如。

我有幸能在東西兩個半球都算有所貢獻，在社會上算是受尊重的一份子，在街上，偶爾也有人把我認出來。

13

一

迎向新紀元

◆ 上：2004年在美國黃石公園慶祝我的七十歲生日——雪車探險。
下：我是本地非政府團體安徒生會的贊助人，在一款張貼於地鐵的海報上簽名，2004年。

在回顧過去之餘，我還必須面對明天。人類壽命的統計數字就擺在我們面前，新的世紀卻赫然向我們展現新的機會。我們的將來會如何，我們應怎樣利用延長了的時間？

個人

讓我由教育開始，尤其是剛踏進校門的年輕人的教育。在急遽的轉變中，我們怎樣協助年輕人面對未來？

我們嘗試訂定一個配合資訊世紀的嶄新課程，其基礎是讓學生學會學習。只要懂得自行學習，才可以不斷累積知識，與時並進，無論時間的步伐走得怎麼快。

我認為，學會學習必先有一個開放的心靈。孔子説過：「三人行，必有我師焉。」也就是說，每個人都可以教曉另一些人一點甚麼。反過來說，沒有人可以說自己無所不知。所有人都應該以開放的態度向他人學習，以求增進知識。

因此，學習是一個互動的過程，教師、家長、朋友、同伴都牽涉其中，當然還少不了從經驗中學習和自行觀察。

在中學時我有一個難忘的經驗。有一次老師解釋勒沙特列原理（Le Chatelier's Principle）這個抽象的理論，他要全班同學合力把他推向班房的角落。我們都與高采烈的照做，一個擠一個，盡向前推；與此同時，我們都蠕動、扭屈自己的身體，以減輕後面的同學擠過來的壓力，很快我們便發覺，個人的力量自然的與其他人協調起來，形成幾行互相緊貼的人龍，這樣，每個人承受的壓力都與他附近的人相等。從物理學上看，這就有如一條條對等的圓柱體桿子。老師是藉此向我們顯示，這種緊貼的形態是能量消耗最少的形態，大自然界裡的固體物質，都以這種形態出現。我獲得兩個啟發，其一是我們在人群中會自我調節，找出比較舒服的姿態。其次是如果沒有人不必要的推擠，大家都會舒服點。我們付出最小的力量，因此積壓的力量也是最小的。

科學老師就是用了這麼一個巧妙的方法，讓我們了解物料科學。我們在談笑、身體語言，以至互相碰撞中學會學習。在我一生中，我發覺學習是最具挑戰性和樂趣的。具挑戰性，是因為我們要探索、了解的，往往是一些未知的領域；樂趣，在於得到新的啟發，而新的意念又帶出新的挑戰。

人一生下來就開始學習，其實他在母體裡已開始了學習的過程。父母是兒童最親密的夥伴，對兒童的學習起着十分重要的作用，因此我們也要提高父母在學習過程中的參與。

資訊科技給予我們有用的工具，讓我們更快更有效的累積知識，學習也變得更有趣和更具挑戰性。我們無疑已進入了一個新的世紀。

家庭

差不多半個世紀之前，我和美芸結婚時就決定，只生兩個小孩，以免給人口過多的世界增添麻煩。可喜我們得到一子一女。我們希望能好好教育他們，令他們為未來作好準備。我們要他們學會性別平等，男孩子要懂得縫衣服，女孩子要懂得修理汽車。他們都能完成大學教育，以所學回饋社會。如果他們也有孩子，應該怎樣為下一代準備未來？令我們吃驚的是，社會的轉變實在太快了。

在資訊世紀，家庭面對的轉變更快更深更廣。為下一代準備的計劃一開始便受到重大衝擊。資訊科技引發的新浪潮為工業和商貿帶來一陣亢奮，只要與資訊沾上邊便可以吸引大量資金流入，令企業一心只想賺快錢。可是泡沫很快便爆破，有人一夜致富，也很快便囊空如洗，失業率不斷上升。他們最終發覺資訊世紀的前景並非如此樂觀，其實，是他們錯誤估計資訊科技帶來的機會而已。由夫婦和兩名子女組成的核心家庭，當前急務就是調整計劃，適應資訊世紀中訊息和資金迅速流動帶來的勞工市場波動和職位的不穩定。

在資訊世紀，退休人士的工作時間可以延長，交通方便和家居工作的流行，令年屆六十五歲退休年齡的人也可以繼續從工作中取得滿足。醫藥的進步也令人活得愈來愈健康，「年輕的老人」無疑也將是社會上一支有力的工作隊伍。以中國人的算法我已年屆七十，我覺得自己正是這支「老人」隊伍的一員。一九九六年由中文大學退休以來，我一直從事教育和新鋭研究工作，我對新事物的學習從沒停止，有不少年輕朋友都說我仍像個年輕人，令我士氣大振，這至少顯示我的思想仍未變成化石。退休這六、七年來，我反而活得更輕鬆自在，對所做的每樣事情都興致勃勃。無疑無論生物科技有多進步，我的身體狀況終會有衰老的一天，但對我們這年紀的人最重要的，還是保持自給自足的生活方式，我們仍可以在社會上發揮重大的作用，是一種重要的資源，對財富累積有所貢獻，而不是給社會遺棄。更不要說照顧黃金歲月老人的需要，為新的行業帶來不少機會。

世界

世界面對的問題愈來愈嚴峻，人口是其中一個重大問題。發達國家出生率下降，人口老化問題嚴重，但發展中國家的人口卻不斷膨脹，地球的資源出現供求失衡，貧富極度懸殊。在可見的將來，世界日趨不平等的現象只會繼續惡化。釜底抽薪的方法，是減低人口增長，和尋求資源的可持續運用，人的生活質素，也應以全人類的福祉為依歸。但政治和淺見總是令這些問題難以解決。

世界的轉變愈來愈急愈巨，生活於這麼一個世代，無疑令人興奮。在資訊科技的推動下，可以集合更多人的力量，解決我們面對的問題。我們雖無法與大自然的巧手相比，但只要齊心協力，必可加快前進的步伐。我們不少基本概念，已為新的發現打破。好戲在後頭，我們且拭目以待，迎向萬花齊放的新的春天。

附錄一：高錕教授二〇〇九年十月得諾貝爾物理學獎後由夫人（黃美芸）代撰的致謝辭

各位朋友：

十月六日，瑞典皇家科學院宣布 Charles 成為本年度諾貝爾物理學獎得主之一。消息公布後，海內外許多朋友經互聯網、傳真、電郵傳來賀電，各個媒體的訪問邀約接踵而至，我倆不勝欣感。

諾貝爾獎是國際獎項，旨在表揚造福人類的成就和貢獻。目前華裔得諾貝爾獎者尚為少數，今增添一員，全球華人的光榮喜悅，自是不言可喻。

Charles 生於上海，一九六六年在英國夏洛的標準通訊實驗室從事研究，後來赴美於國際電話電報公司研發纖維光學逾二十載，使之成為商用技術，一九八七年回到香港，在香港中文大學把所知所學傳授給下一代，同時致力向工商界推廣科技應用。Charles 一生周遊列國，可謂不折不扣的世界人！

各界友好對 Charles 的關心，我們深表感謝。可惜阿茲海默症目前仍是不治之症，聞人如列根、戴卓爾夫人，亦不能免。Charles 平日打網球，做運動，不抽煙，飲食均衡，起居正常，記憶力雖見衰退，仍能自得其樂。

對於昔日的研究成果，Charles 深感自豪；對於不期而得的諾貝爾獎，Charles 深感興奮。Charles 接受媒體訪問，欣悉新聞界已得到所需的事實資料，故深盼重返平靜的生活，還請各位媒體朋友見諒。

我倆衷心感謝來自香港的問候和祝賀，並向各方友好致意，包括從前在中大共事的同仁，現正服務於中大的教職員工，所有中大學生和畢業生，還有我倆的深交摯友，尤其是那些不離不棄的網球同好。到了現在，你們應該都知道，高錕是光纖之父。也正是光纖，使那些真偽莫辨、良莠不齊的資訊得以充斥於互聯網上，不分畛域，無遠弗屆。

高錕、黃美芸同謹啟

二〇〇九年十月十三日

◆ 上：2009年諾貝爾獎頒獎禮在瑞典斯德哥爾摩演奏廳舉行，高錕教授從瑞典國王手中接過諾貝爾物理學獎獎項。
下：攝於高錕教授出發領取諾貝爾獎前的酒店大堂。

◆ 上：高錕教授夫人（黃美芸）在斯德哥爾摩大學禮堂的諾貝爾得獎人講座上，以*"Sand from centuries past; Send future voices fast"*（《古沙遞捷音》）為題代表高教授發表演說。

下：2009年諾貝爾獎頒獎禮之前兩天，於斯德哥爾摩大學有諾貝爾得獎人講座。圖為於大學禮堂台上，高錕教授友善地輕拍另一位諾獎得主的肩膀，向對方衷心致賀。

附錄二：高錕慈善基金簡介

高錕慈善基金（Charles K. Kao Foundation for Alzheimer's Disease）是由諾貝爾物理學獎得主高錕教授及其夫人高黃美芸女士於二〇一〇年所成立的非牟利政府註冊慈善機構。

基金會成立的宗旨主要為阿茲海默症病（Alzheimer's Disease）患者、家屬、護理者提供協助；並與本港各相關組織，例如大學、非牟利慈善團體和政府機構等攜手加強合作，冀能善用資源，提高護理水平。基金會亦會從教育入手，令市民對阿茲海默症（又名老年癡呆症及認知障礙症的一種腦退化病症）加深認識，令社會關注腦部健康。

香港現時約有十萬名相關患者急需支援和照顧，基金會特地創立「腦伴同行計劃」，積極推動本地支援服務，項目包括：

（一）「腦伴同行——支援及輔導計劃」，與香港大學、香港社會服務聯會、美國國家老人學院及十餘所資深的安老服務機構合作，為五百位腦退化症照顧者提供有系統的免費評估及輔導服務。

（二）推動專為腦退化症患者服務的「腦伴同行中心」於全港各區設立，提供評估及服務，支援有早期認知障礙的腦退化症患者。

（三）二〇一三年開辦「賽馬會高錕腦伴同行」流動車服務。這項創新服務由高錕慈善基金與香港賽馬會信託慈善基金攜手捐助，由聖雅各福群會營運。車內設有面談室及活動室，可進行家屬面談、為有認知障礙人士進行初步評估、提供資訊及小組訓練。流動車將走遍全港十八區，提供「一站式」免費服務。

由二〇一三至一四新學年開始，基金會聯同本港非牟利機構及藝術團體開展「腦伴同行教育計劃」，到訪香港各中、小學，以講座、互動話劇、卡通片及木偶劇形式加強學生對腦退化的認識。

此外，基金會亦游說政府增撥資源，制定長遠服務政策及活動規劃，以增加公眾對腦退化症的認識。隨着各項工作的全面開展，基金會藉着高錕教授的聲譽，聯同社會各界，為大量等待支援的患者、家屬、護理者提供協助，從而紓緩他們每日面對的壓力。（詳情可參閱基金網頁：www.charleskaofoundation.org）

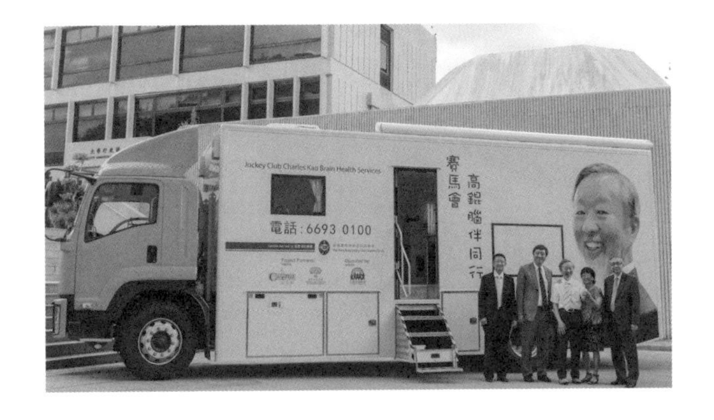

◆（由右至左）賴錦璋先生（右一），高錕夫婦（右二、三），高錕慈善基金創會董事中文大學沈祖堯校長（右四），基金執行董事唐世煌先生（右五）。背景為「賽馬會高錕腦伴同行」服務流動車。